레고® 파워 펑션 아이디어 북
자동차와 흥미로운 장치들

레고®
파워 펑션
아이디어 북

자동차와
흥미로운 장치들

지은이 **이소가와 요시히토** | 옮긴이 **공민식**

no starch press

인사이트
insight

The LEGO® Power Functions Idea Book, Volume 2: Cars and Contraptions

레고® 파워 펑션 아이디어 북 Volume 2 : 자동차와 흥미로운 장치들

초판 1쇄 발행 2016년 5월 4일 **지은이** 이소가와 요시히토 **옮긴이** 공민식 **펴낸이** 한기성 **펴낸곳** 인사이트 **편집** 조은별 **본문 디자인** 윤영준 **제작 · 관리** 박미경 **용지** 월드페이퍼 **인쇄** 현문인쇄 **제본** 자현제책 **후가공** 이지앤비 **등록번호** 제10−2313호 **등록일자** 2002년 2월 19일 **주소** 서울시 마포구 잔다리로 119 석우빌딩 3층 **전화** 02−322−5143 **팩스** 02−3143−5579 **블로그** http://blog.insightbook.co.kr **이메일** insight@insightbook.co.kr **ISBN** 978−89−6626−183−3 책값은 뒤표지에 있습니다. 잘못 만들어진 책은 바꾸어 드립니다. 이 책의 정오표는 http://blog.naver.com/legoinsight/2206929259559에서 확인하실 수 있습니다. 이 도서의 국립중앙도서관 출판예정도서목록(CIP)은 서지정보유통지원시스템 홈페이지(http://seoji.nl.go.kr)와 국가자료공동목록시스템(http://www.nl.go.kr/kolisnet)에서 이용하실 수 있습니다(CIP제어번호: CIP2016010302).

차례

다양한 탈것

바퀴 없이 움직이는 것들

흥미로운 동작 원리

소개

이 책은 레고 테크닉 부품을 이용해 만들어 볼 수 있는 다양한 모델을 소개하는 아이디어 북입니다. 특히, 레고 파워 펑션(Power Function) 시리즈의 모터, 램프와 같은 전기 관련 부품의 활용 기법에 초점을 맞추고 있습니다.

왜 설명이 없나요?

이 책은 여러분이 지금 읽고 있는 '서문' 과 '목차' 외에는 글이 없습니다. 대신, 특정한 기법 또는 원리를 보여 주기 위한 조립 모델을 쉬운 것부터 어려운 것까지, 여러 각도로 찍은 사진을 제공합니다.

이 책에서는 모델을 완성시키는 데 필요한 부품에 대해서는 소개해 주지만, 레고 기성품에 포함된 것과 같은 단계별 조립도는 제시하지 않습니다. 여러분은 다양한 각도에서 촬영된 이미지를 보며, 흡사 퍼즐을 풀어나가는 과정처럼 스스로 모델을 완성시켜야 합니다. 이 과정은 처음에는 약간 익숙치 않게 느껴질 수도 있지만 하나씩 단계를 밟아 나가다 보면 충분히 여러분만의 노하우가 생길 것입니다.

부품색의 의미

이 책에 등장하는 예제들은 모두 여러분이 구조를 이해하기 쉽도록 의도적으로 다른 색상을 조합해 만들었습니다. 모델을 따라 만들기 위해 책의 예제와 같은 색을 고집할 필요는 없습니다. 부품의 모양, 좀 더 나아가 부품의 동작 특성만 동일하다면 여러분이 원하는 색상과 모양의 부품을 사용해도 무방합니다.

부품 대체하기

이 책의 모델들은 가능한 한 쉽게 구할 수 있는 부품 위주로 만들었습니다. 하지만 예제로 사용된 모든 부품의 모양과 색을 똑같이 맞추는 것은 쉽지 않을 것입니다.

대부분의 독자들은 자신이 가지고 있는 레고 부품을 활용해 이 책의 모델을 만들어보고 싶어할 것입니다. 만약 책에 나온 것과 같은 부품이 없다면 대체할 만한 부품을 찾는 과정도 필요하겠지요.

예를 들어, 레고에는 많은 종류와 크기의 타이어가 있습니다. 만약 여러분이 이 책의 특정한 모델에 사용된 타이어와 똑같은 타이어가 없다면, 비슷한 크기의 다른 타이어를 사용해도 크게 문제가 되지 않습니다. 파워 펑션 모터도 마찬가지입니다. 이 책에서 가장 많이 사용되는 것은 파워 펑션 M 모터(미디엄 모터)입니다. 대부분의 모델에서, 여러분은 M 모터와 거의 크기가 비슷한 파워 펑션 L 모터 또는 구형의 9V 모터를 사용해도 구동할 수 있을 것입니다.

참고로, 이 책의 맨 뒤에서 책에서 제시된 모델들을 만드는 데 필요한 부품 목록을 볼 수 있습니다. 부품 목록은 여러분이 부품을 찾거나 구하는 데 많은 도움을 줄 것입니다.

당신이 창작가입니다

모델을 만들 때 단순히 따라 만드는 것보다 면밀히 검토하고 고민하며 만드는 것을 추천합니다. 왜 이렇게 만들었을까, 어떻게 이런 움직임이 완성되는 것일까를 고민하고 이런 모양을 갖추게 된 이유를 생각해 보는 과정을 통해 여러분은 자신의 조립 능력을 크게 향상시킬 수 있습니다.

이 책은 여러분의 상상력을 자극하기 위해 만든 아이디어 북입니다. 여러분이 이 책을 통해 각각의 프로젝트를 자신만의 것으로 소화해 내고, 각각의 것을 결합해서 보다 멋지고 재미있는 여러분만의 작품을 만들어낼 수 있기를 진심으로 희망합니다.

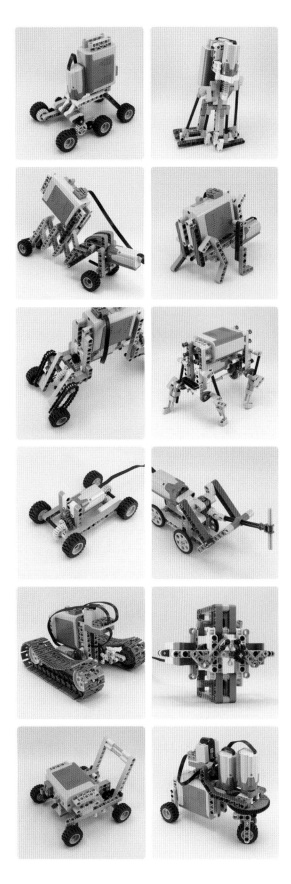

1부

다양한 탈것

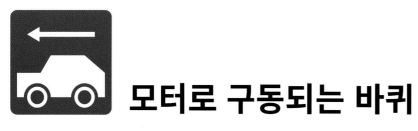

모터로 구동되는 바퀴

#1

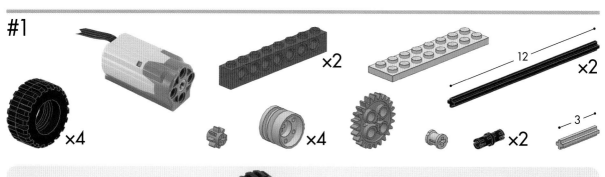

×2 12 ×2 ×4 ×4 3 ×2

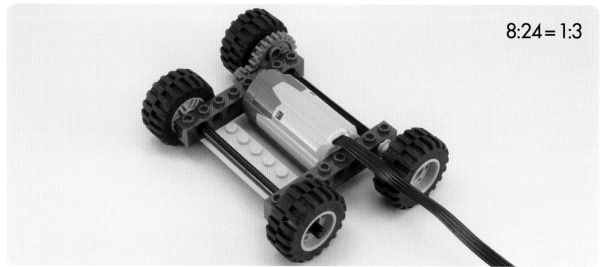

8:24 = 1:3

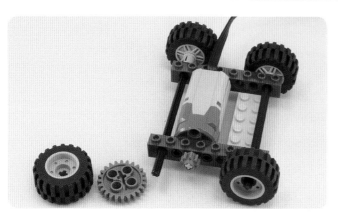

#2

$12{:}12 = 1{:}1$

#3

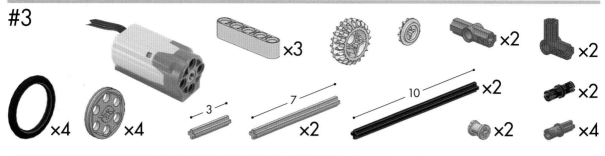

×3 ×2 ×2

×4 ×4 ×3 ×7 ×2 ×10 ×2 ×2 ×2 ×4

12:20 = 3:5

#4

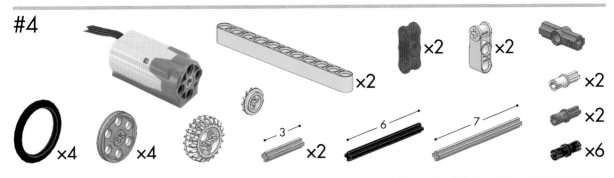

×2 ×2 ×2

×4 ×4

3 ×2

6

7

×2 ×2 ×6

12:20 = 3:5

#5

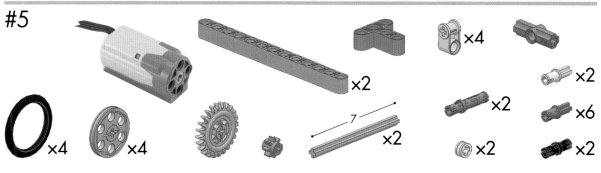

×2 ×4 ×4 ×2 ×2 ×6 ×2 ×4 ×4 ×2 7 ×2

8:24 = 1:3

#6

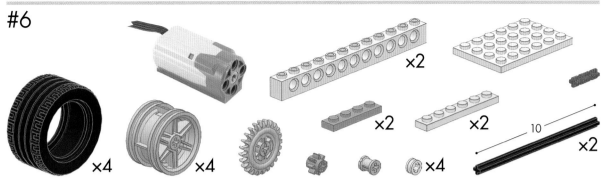

×4 ×4 ×2 ×2 ×2 10 ×2 ×4

8:24 = 1:3

#7

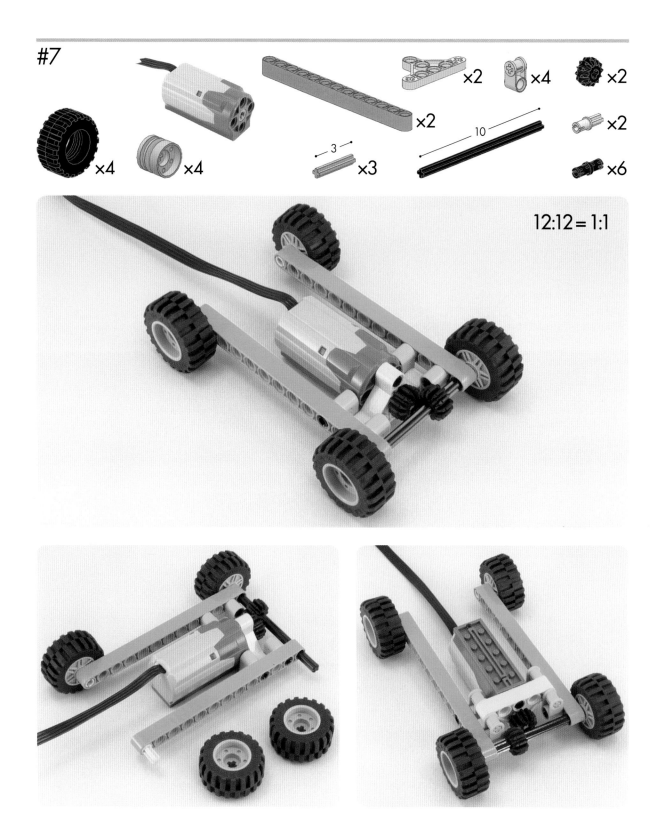

×4   ×4   ×2   ×2   ×4   ×2

3   ×3   10   ×2

×6

12:12 = 1:1

#8

×2

10

×2

×4

×4

×4

×5

20:12 = 5:3

#9

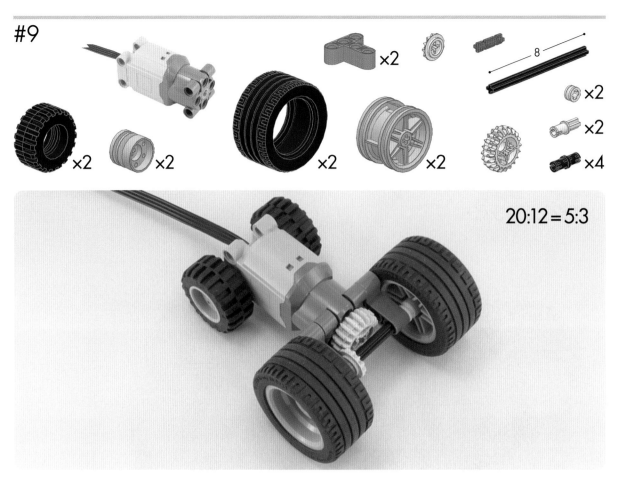

×2 ×2 ×2 ×2 ×2 8 ×2 ×2 ×4

20:12 = 5:3

#10

12:20:12 = 3:5:3

#11

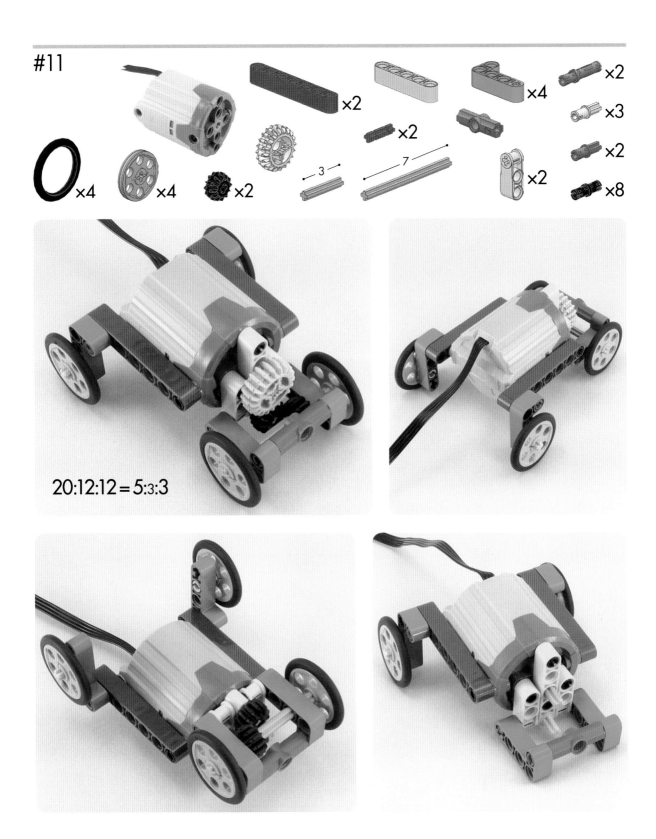

×4 ×4 ×2 3 7 ×2 ×2 ×4 ×2 ×3 ×2 ×2 ×8

20:12:12 = 5:3:3

#12

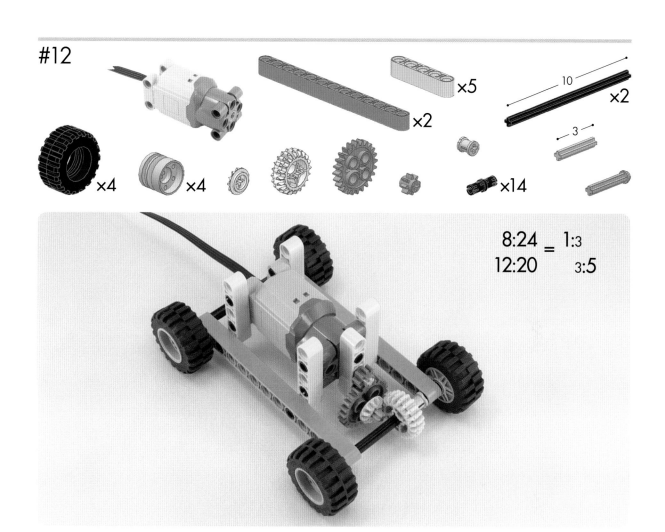

×5

10 ×2

×4 ×4 ×14 3

$$8:24 = 1:3$$
$$12:20 \quad 3:5$$

#13

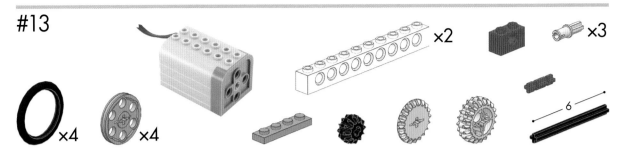

×2 ×3 ×4 ×4 6

20:12:20 = 5:3:5

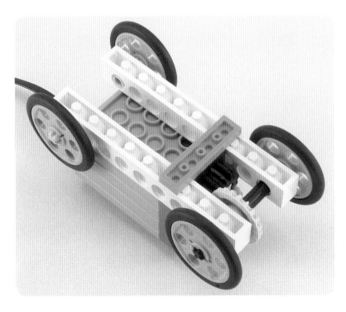

#14

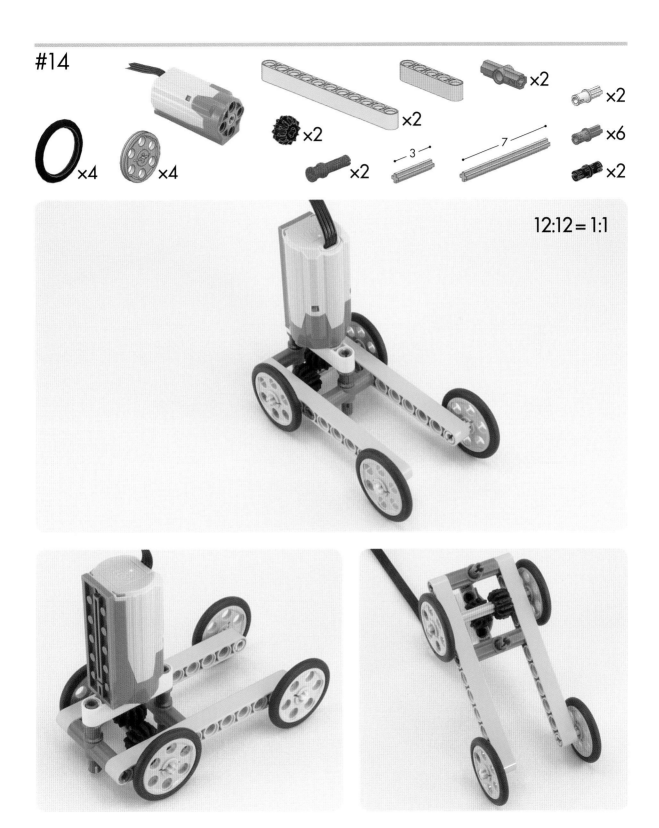

×4 ×4 ×2 ×2 ×2 ×2 ×6 ×2

3 7

12:12 = 1:1

#15

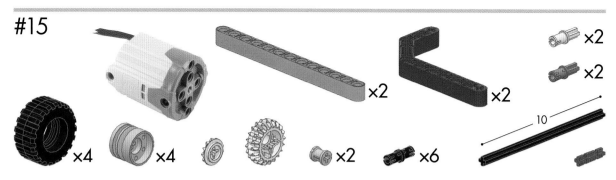

×2 ×2 ×2 ×2 ×4 ×4 ×2 ×6 10

12:20 = 3:5

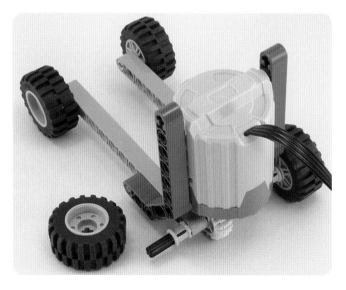

#16

×4   ×4   ×4   ×2   ×2   3   4   6

12:20 = 3:5

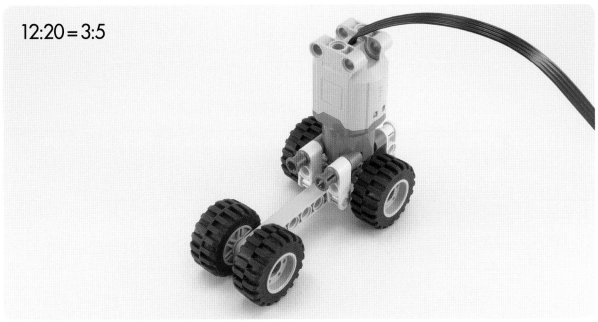

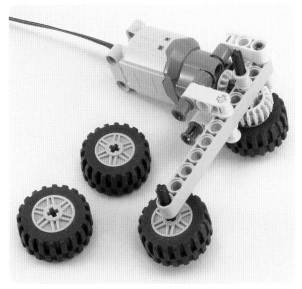

#17

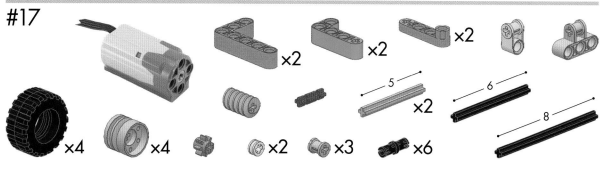

×2 ×2 ×2

×4 ×4 ×2 ×3 ×6

5 ×2 6 8

1:8

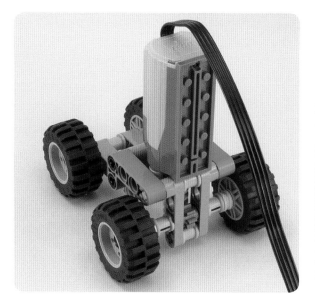

#18

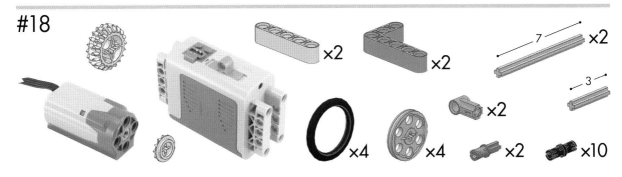

×2 ×2 7 ×2

3

×2

×4 ×4 ×2 ×10

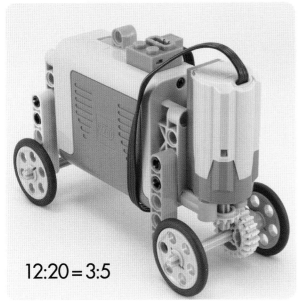

12:20 = 3:5

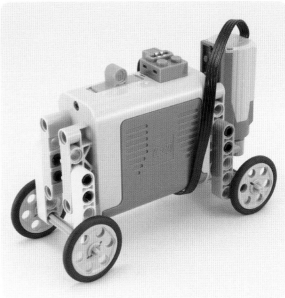

4륜구동 자동차

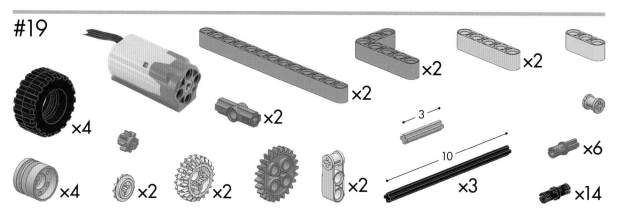

×4 ×2 ×2 ×2 ×2 ×4 ×2 ×2 ×2 3 10 ×3 ×6 ×14

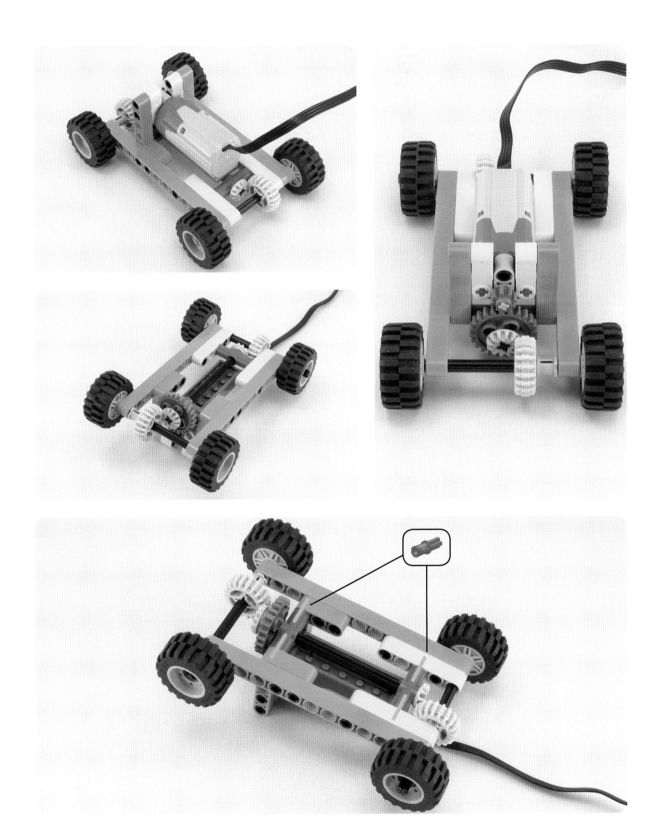

#20

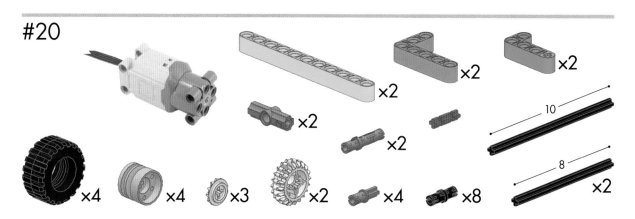

#21

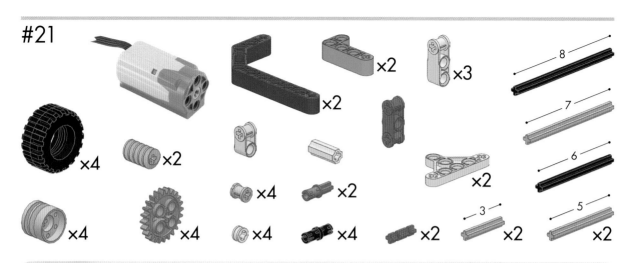

#22

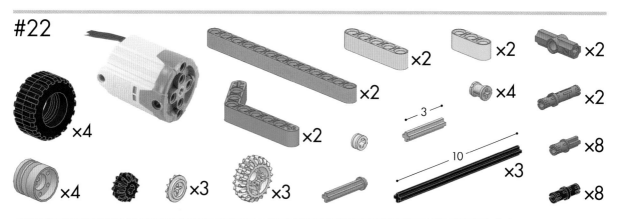

#23

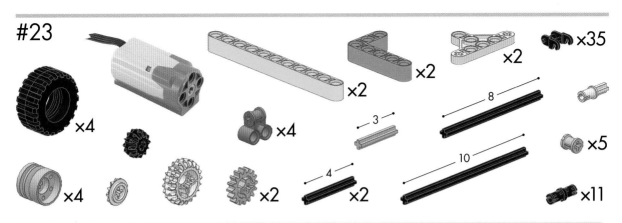

좌우 바퀴를
각각의 모터로 구동하기

이 모델과
44쪽의 **캐스터 휠(끌림 바퀴)**를 이용해
자동차를 완성할 수 있습니다.

#24

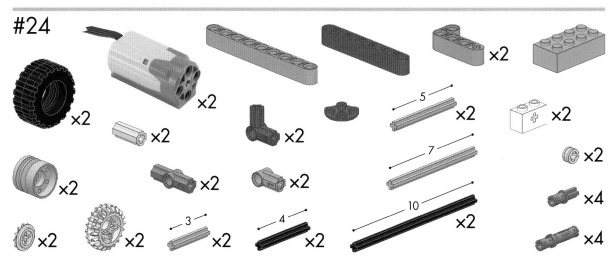

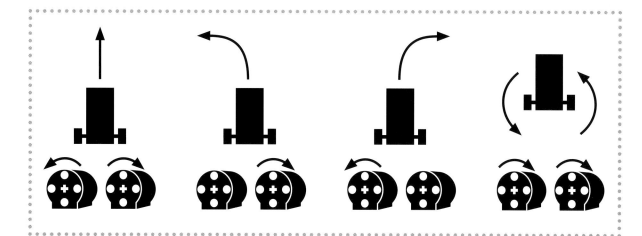

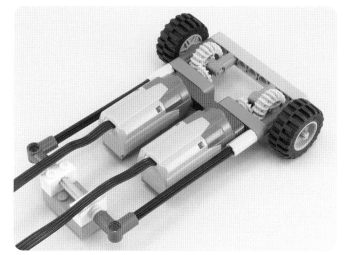

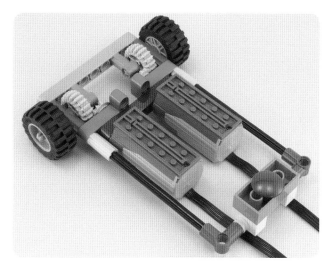

#25

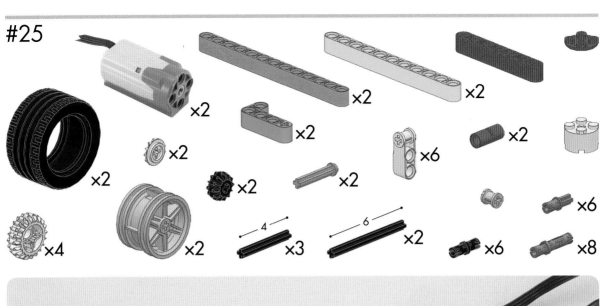

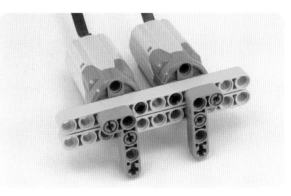

#26

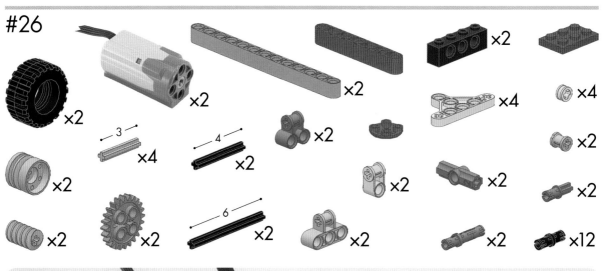

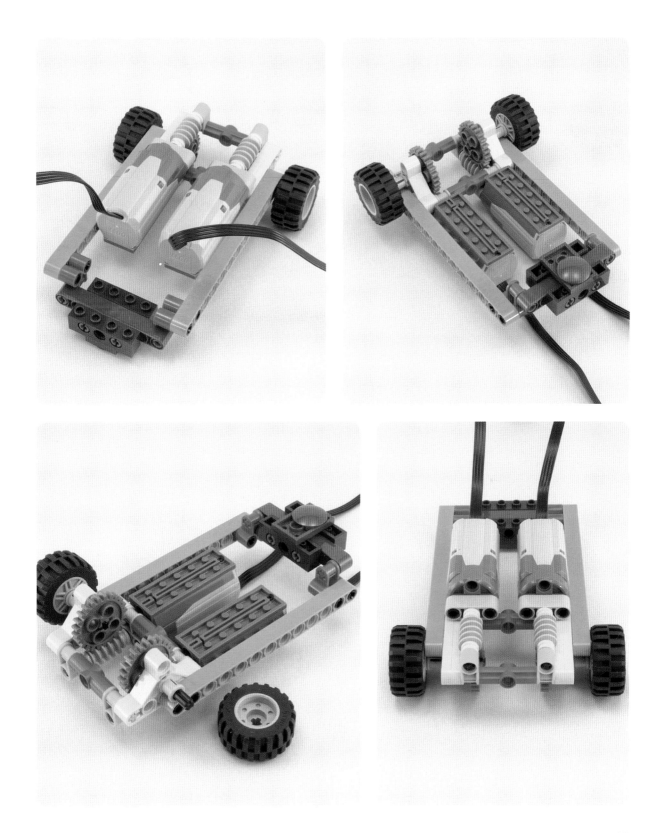

#27

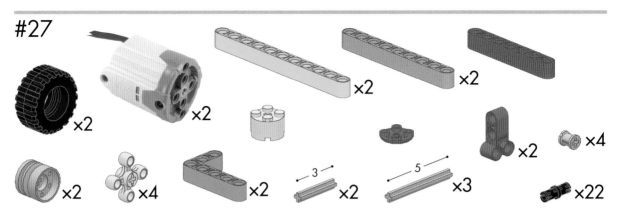

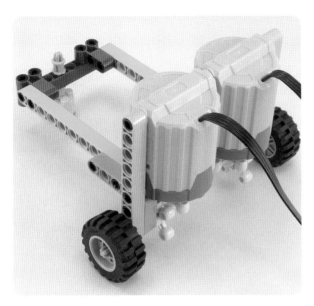

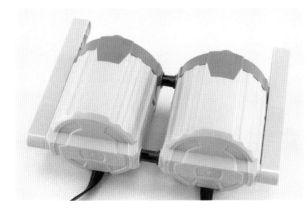

#28

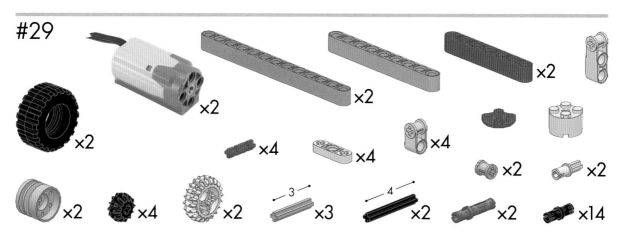

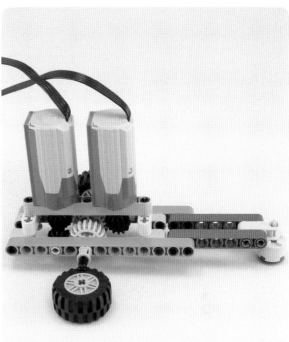

이 모델과
32쪽의 **모터 구동 차체**를 이용해
자동차를 완성할 수 있습니다.

캐스터 휠 (끌림 바퀴)

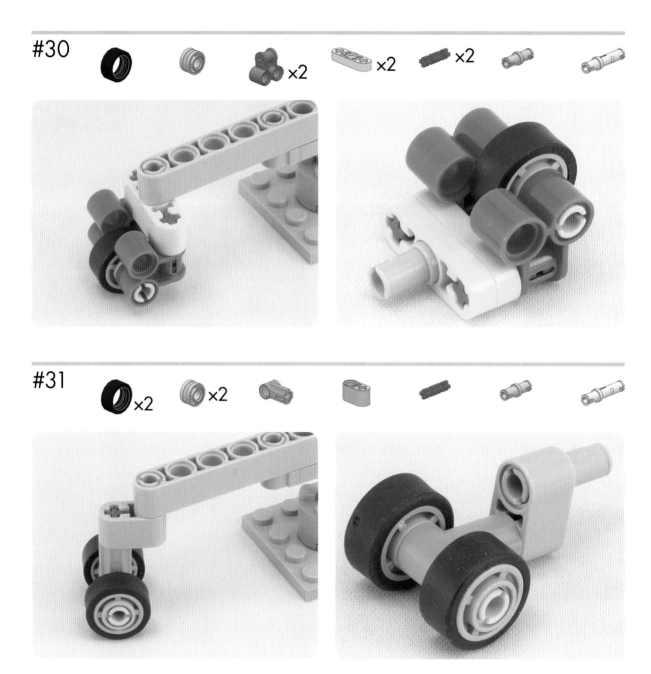

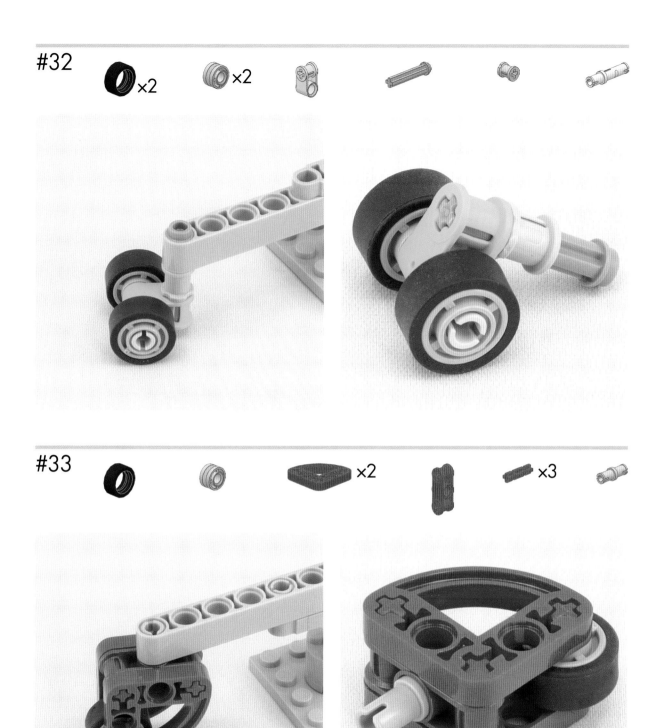

#34

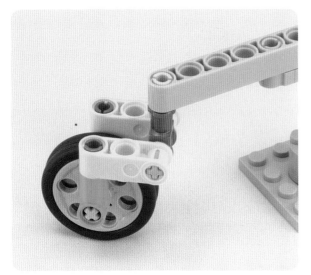

#35

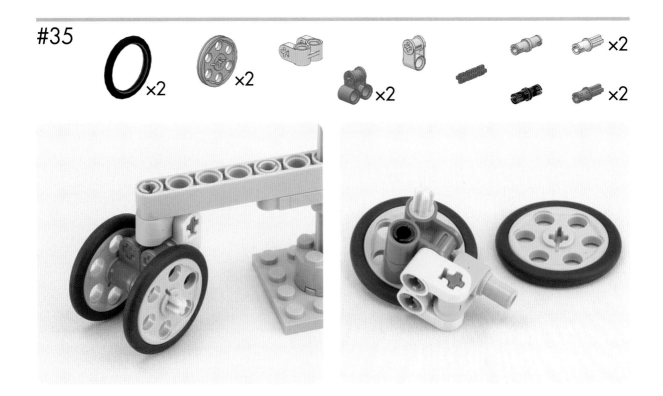

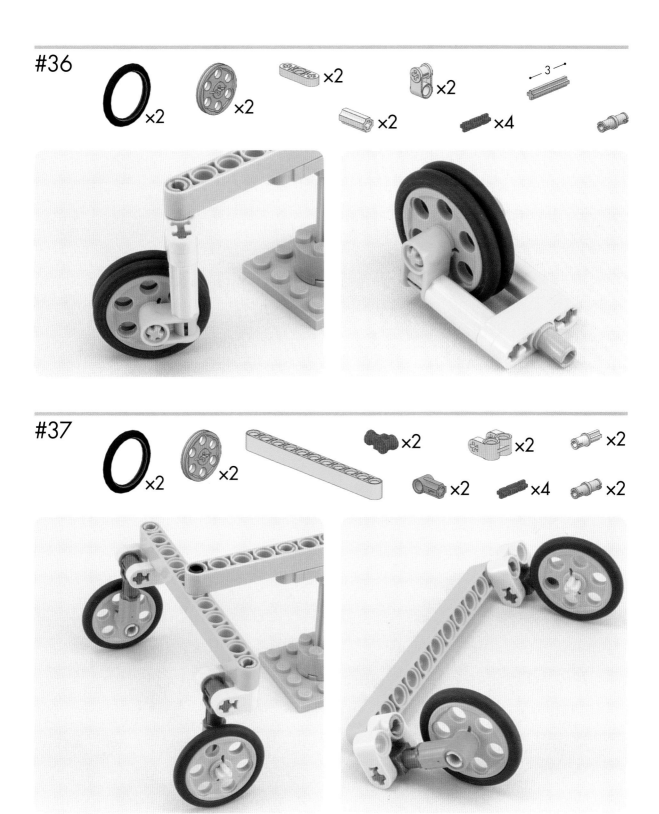

#36

×2 ×2 ×2 ×2 3

×2 ×4

#37

×2 ×2 ×2 ×2

×2 ×4 ×2

#38

#39

#40

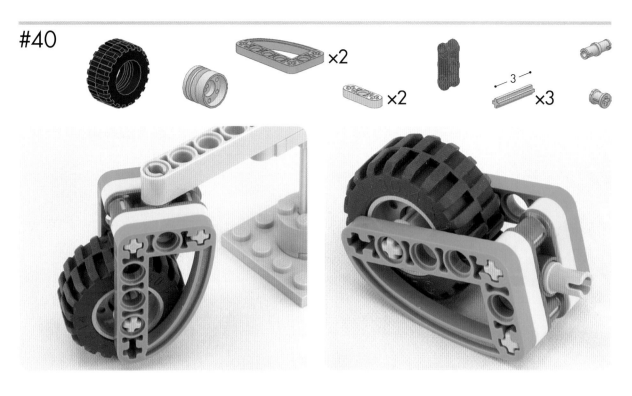

#41

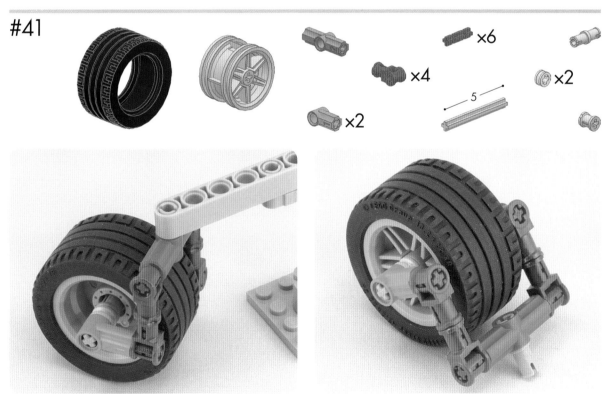

이 모델과
68쪽의 **차동(디퍼런셜) 기어**를 이용한 차체를 이용해
자동차를 완성할 수 있습니다.

서보 모터를 이용해 조향하기

#42

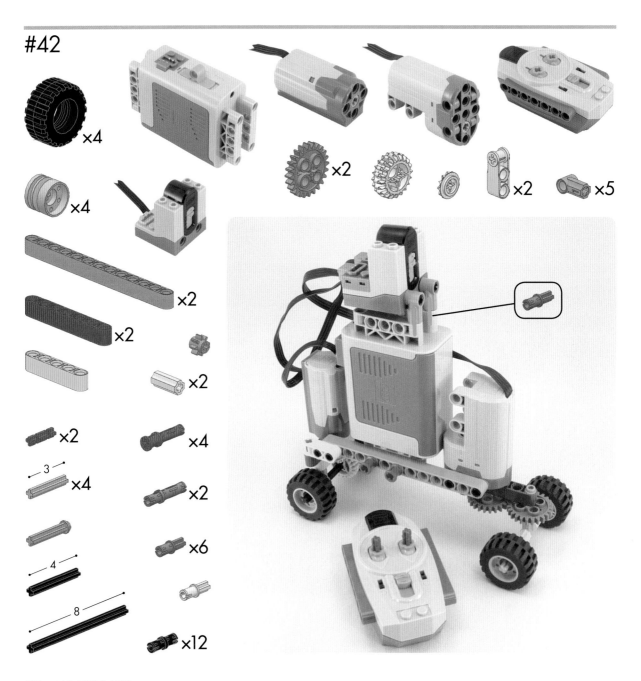

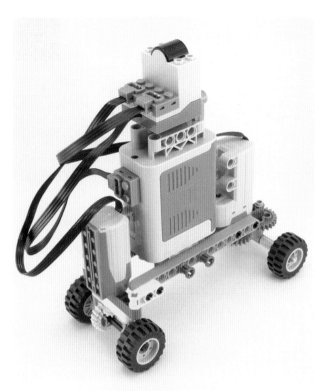

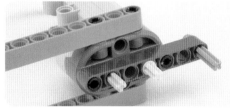

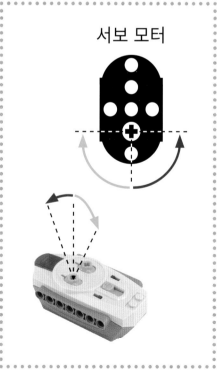

서보 모터

#43

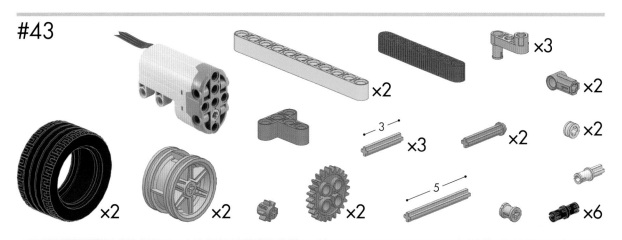

#44

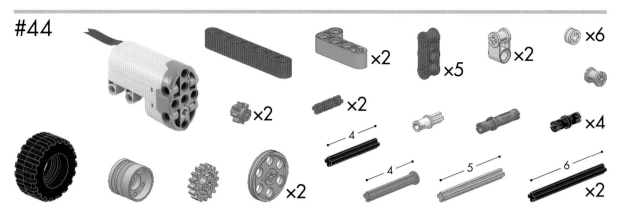

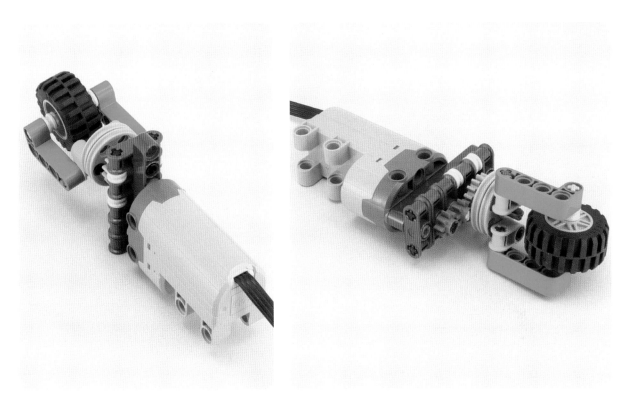

#45

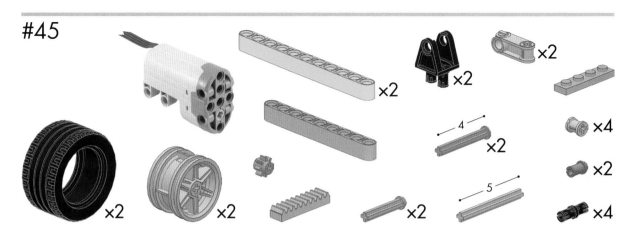

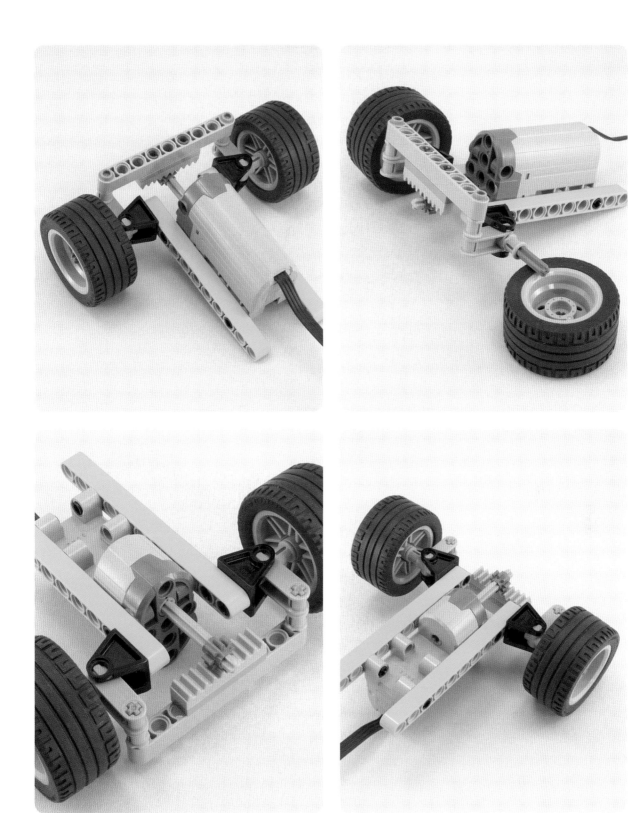

#46

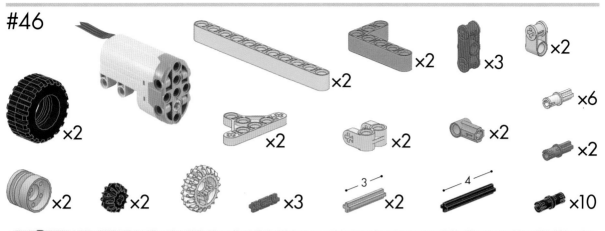

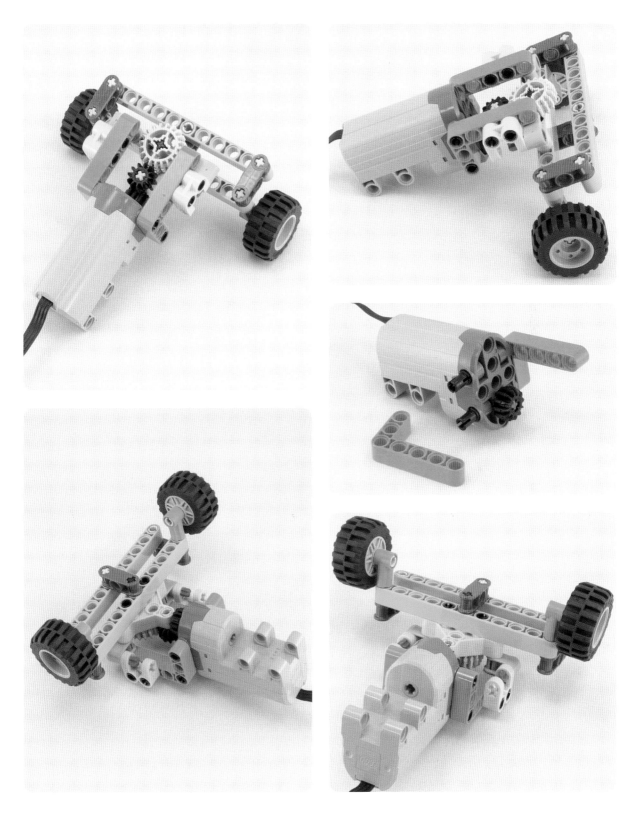

#47

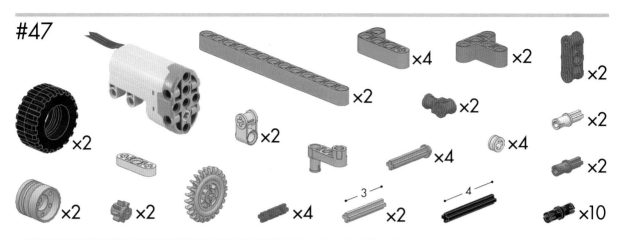

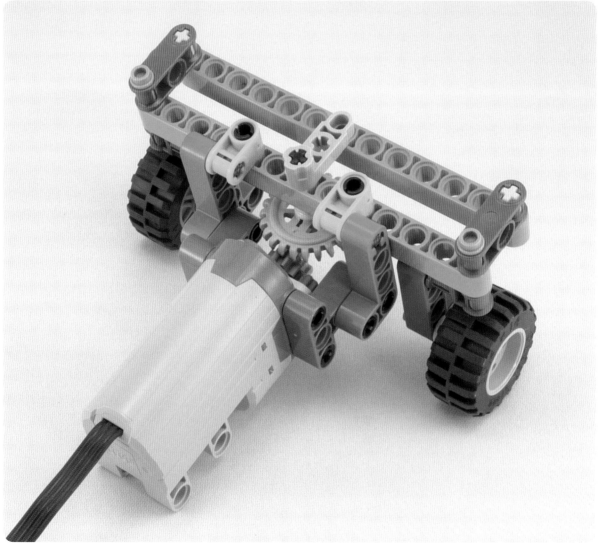

#48

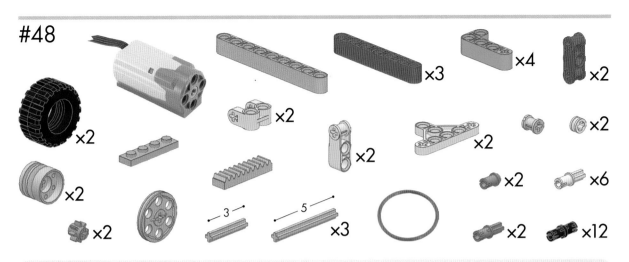

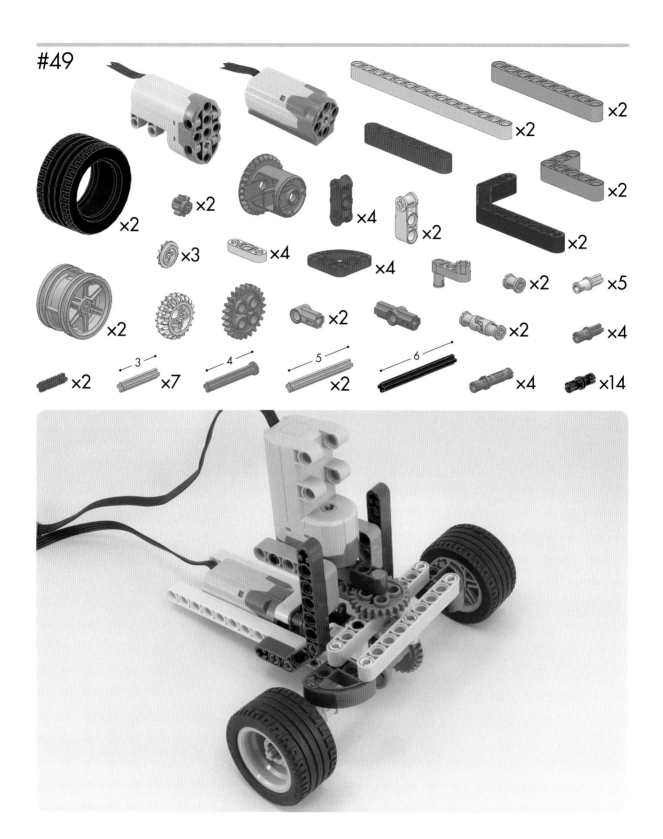

#49

×2 ×2 ×2 ×2 ×2 ×4 ×2 ×2 ×3 ×4 ×4 ×2 ×5 ×2 ×2 ×2 ×4

3 4 5 6

×2 ×7 ×2 ×4 ×14

이 모델과
50쪽의 **조향 장치**를 이용해
자동차를 완성할 수 있습니다.

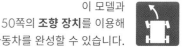

차동(디퍼런셜) 기어

#50

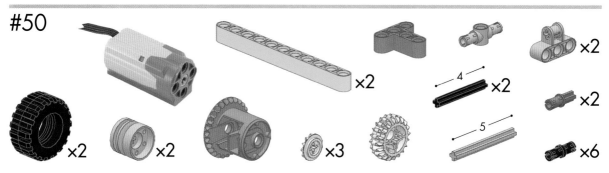

×2 ×2 ×3 ×2 4 ×2 5 ×2 ×2 ×6

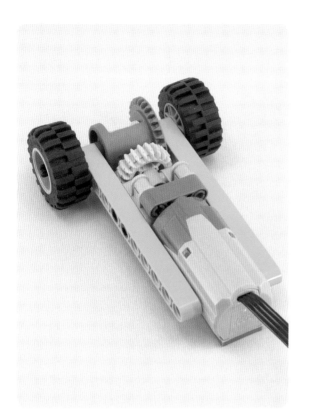

자동차가 회전을 할 때, 회전 방향 안쪽을
향한 바퀴보다 회전 방향 바깥쪽을
향한 바퀴가 더 많이 회전합니다.
차동 기어는 이와 같은 운동량의
차이를 보정해 주는 역할을
하며, 차동 기어가
사용되지 않을 경우
바퀴는 미끄러지게
됩니다.

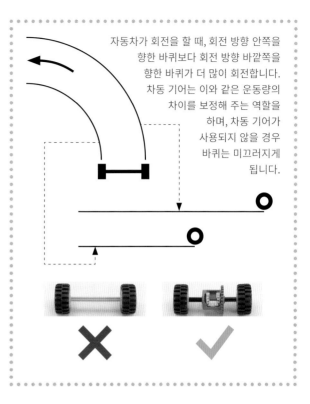

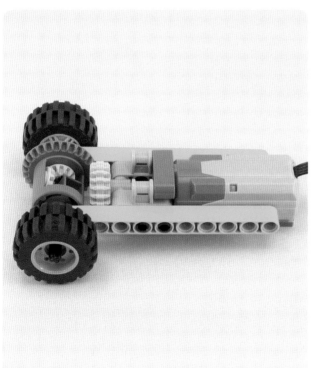

#51

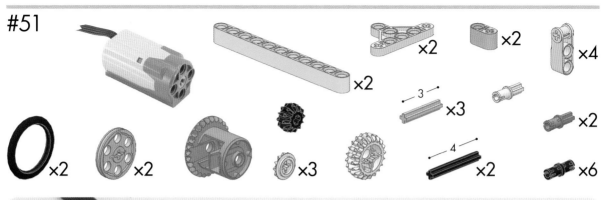

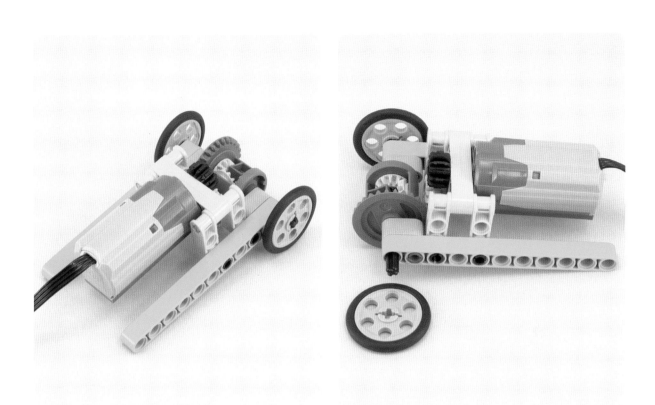

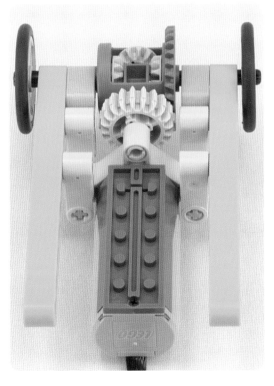

#52

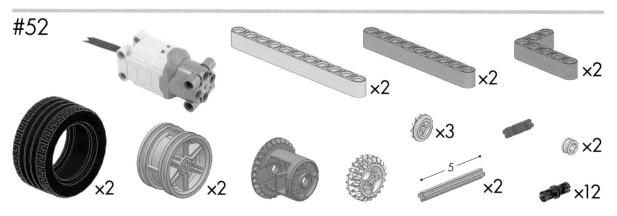

#53

#54

#55

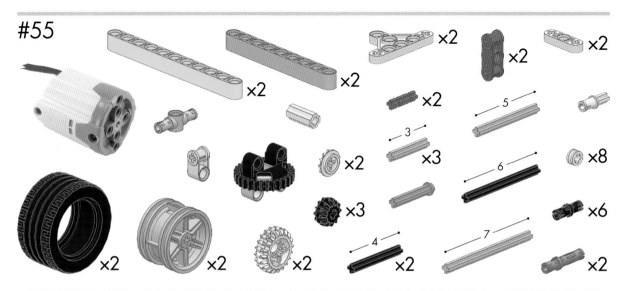

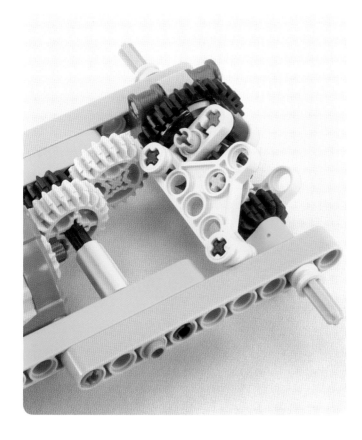

#56

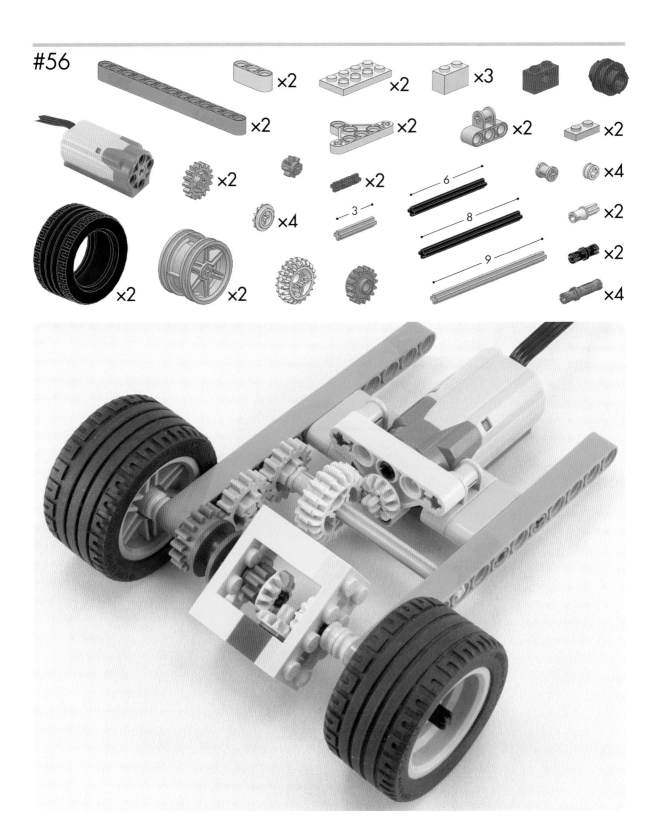

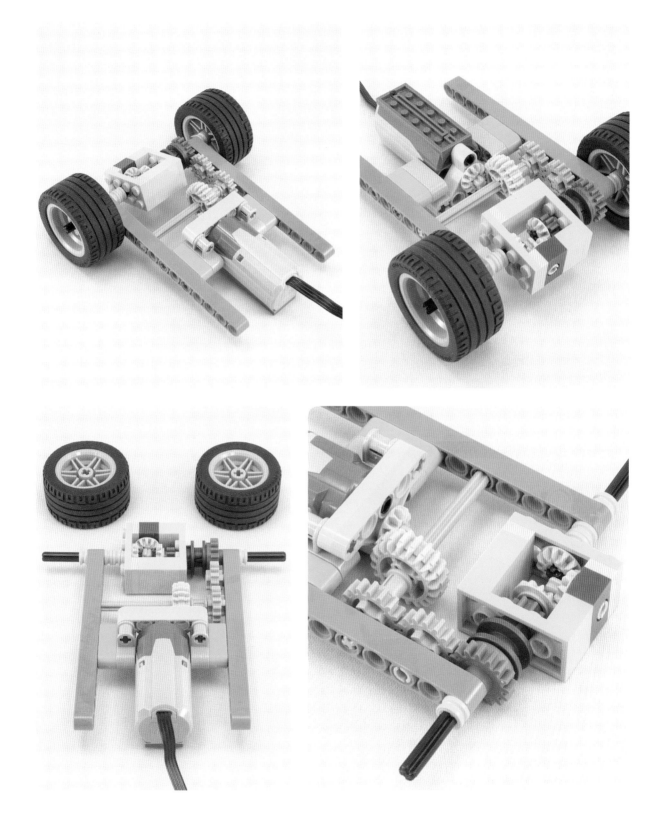

무한궤도 차량

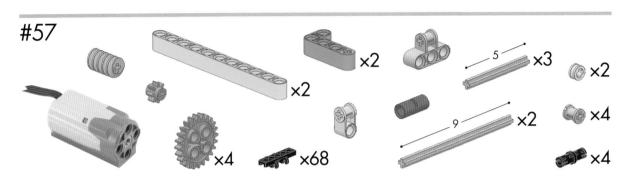

#57

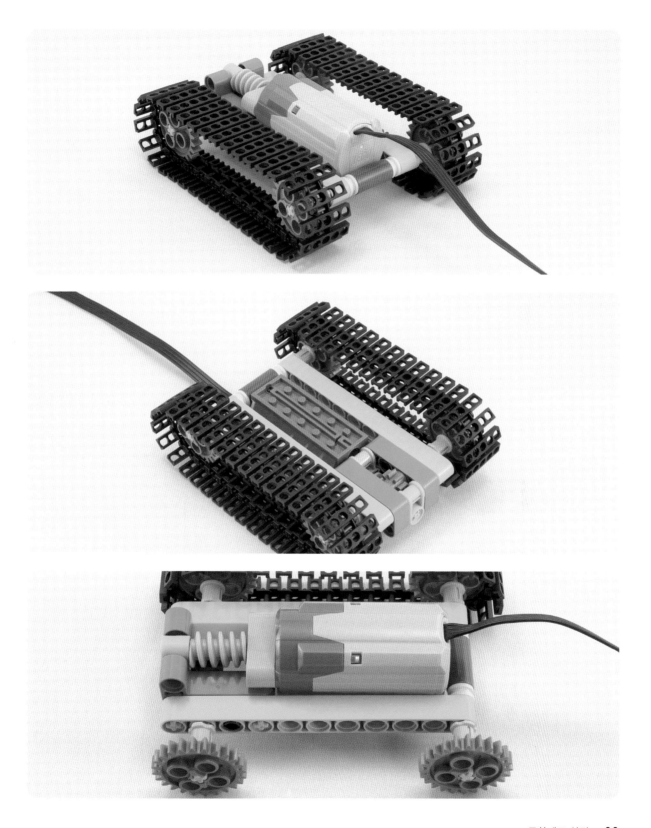

#58

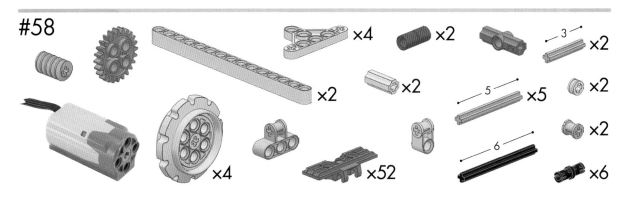

×4 ×2 ×2
×2 ×2
×2 ×5
×4 ×52 ×2
×6

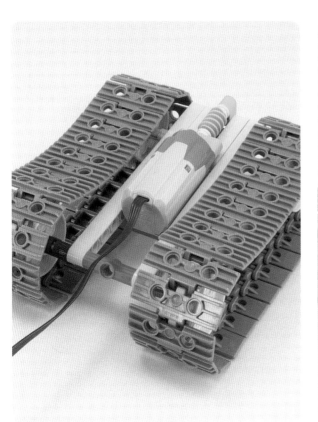

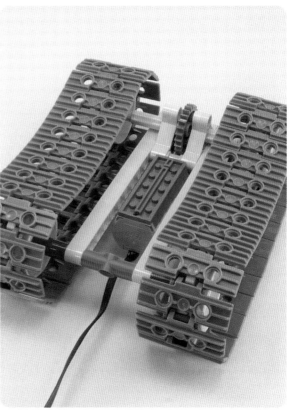

#59

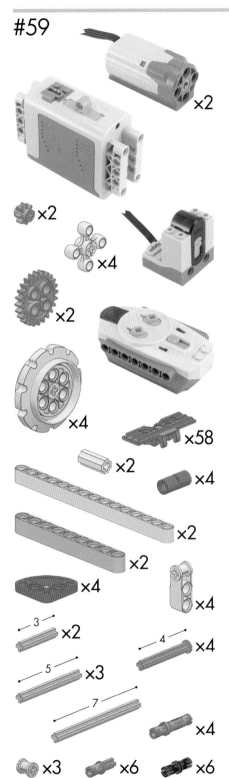

×2

×2

×4

×2

×4

×58

×2

×4

×2

×2

×4

×4

3 ×2

4 ×4

5 ×3

7 ×4

×3 ×6 ×6

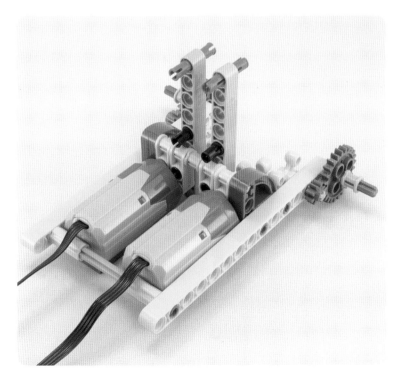

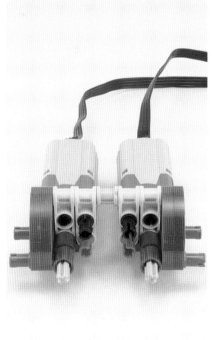

#60

×2

×2

×2

×2

×4

×4

×4

×8

×98

×2

×8

×20

×10

#61

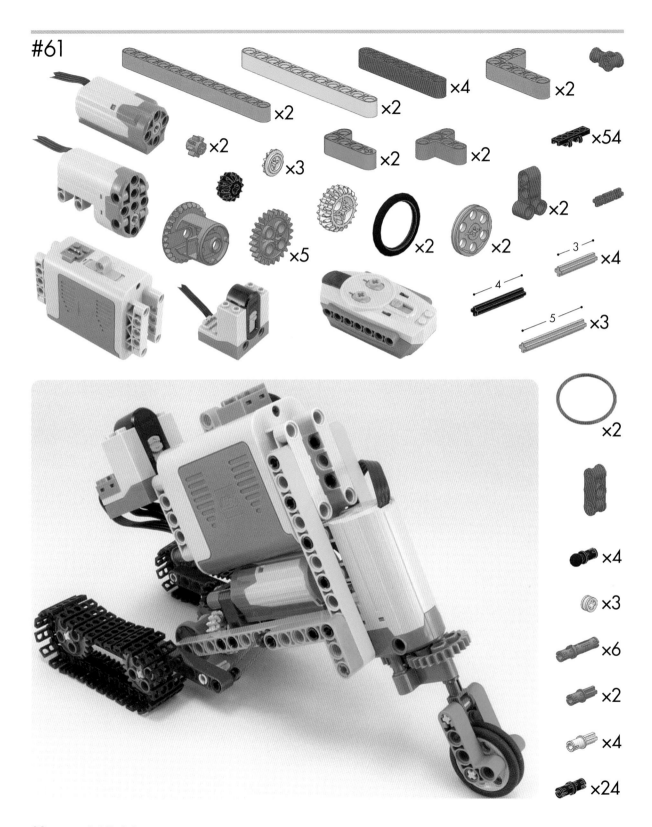

×2 ×2 ×4 ×2 ×2 ×3 ×2 ×2 ×5 ×2 ×54 ×2 ×2 ×2

3 — ×4
4 — ×24
5 — ×3

×2 ×4 ×3 ×6 ×2 ×4 ×24

자동차에 장착된 회전하는 장치

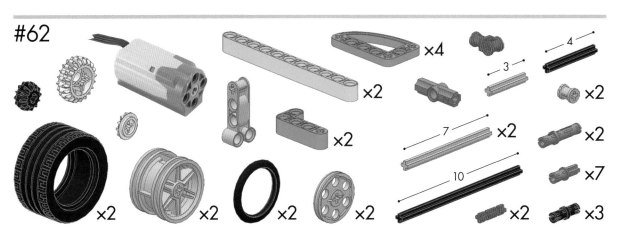

#62

×4
×2
×2
3
4
×2
×2
7
×2
×2
×2
×2
10
×2
×7
×2
×3

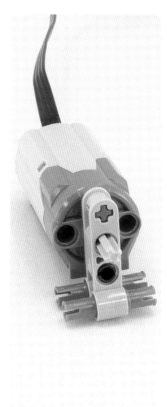

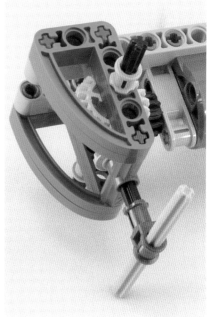

#63

×2

4 ×2

4

5

6

8

×2

×4

#64

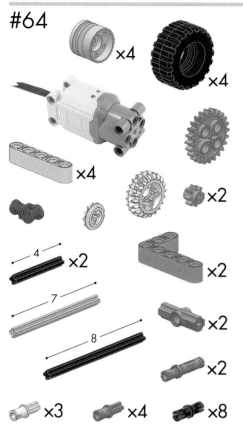

×4

×4

×4

×2

<u>4</u> ×2

<u>7</u>

<u>8</u> ×2

×2

×2

×2

×3   ×4   ×8

#65

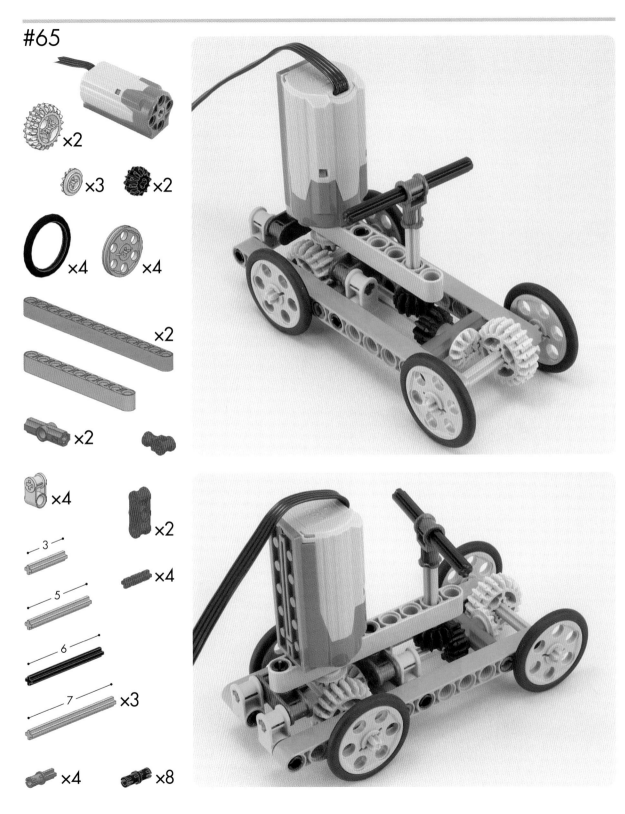

#66

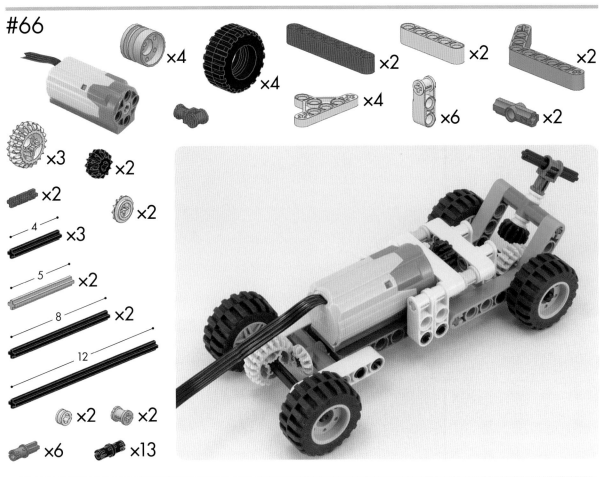

×4
×4
×2
×2
×2
×4
×6
×2
×3
×2
×2
×2
4 ×3
5 ×2
8 ×2
12
×2 ×2
×6 ×13

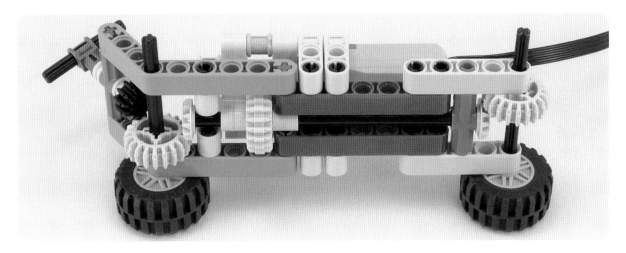

#67

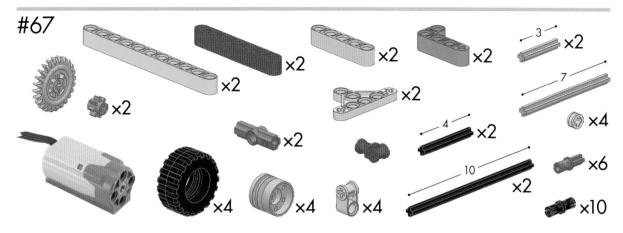

#68

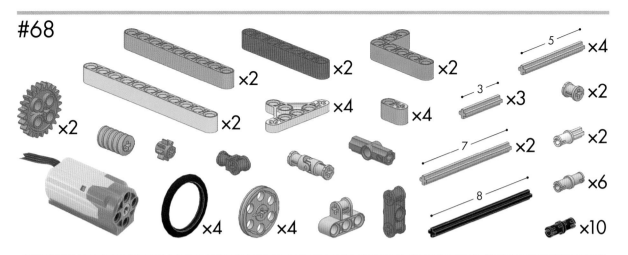

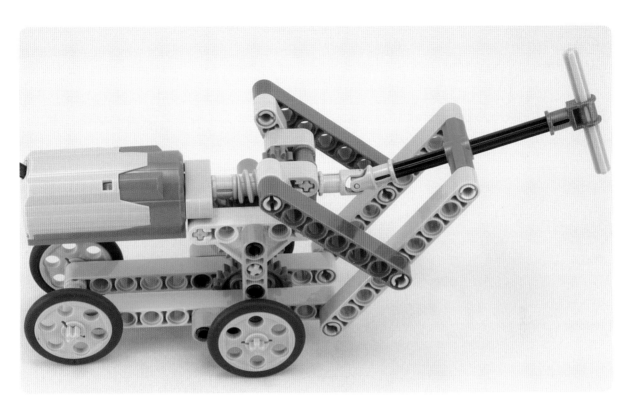

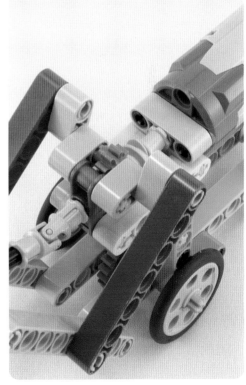

자동차에 장착된 움직이는 장치

#69

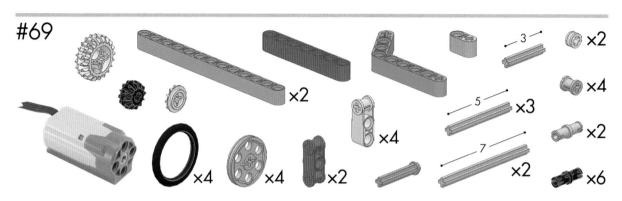

×2   ×3   ×2

×4   ×5   ×4

×4   ×4   ×2   ×7   ×2   ×2   ×6

×3

×2

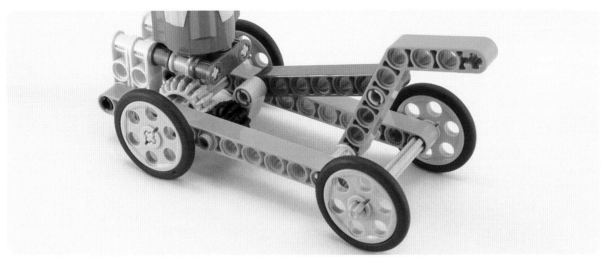

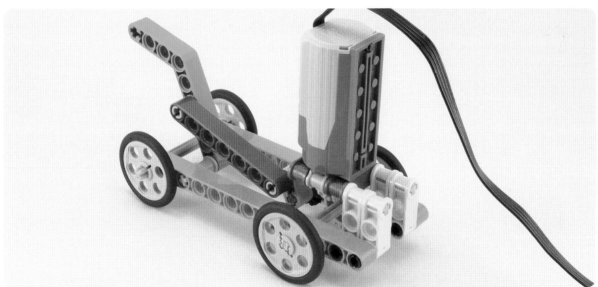

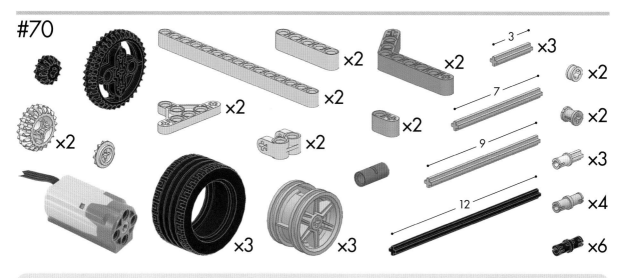

#71

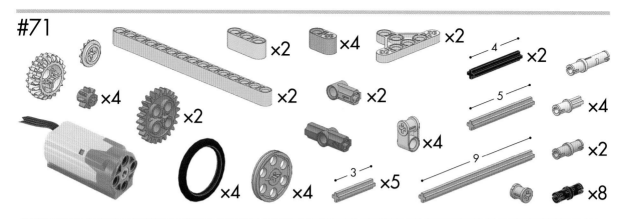

#72

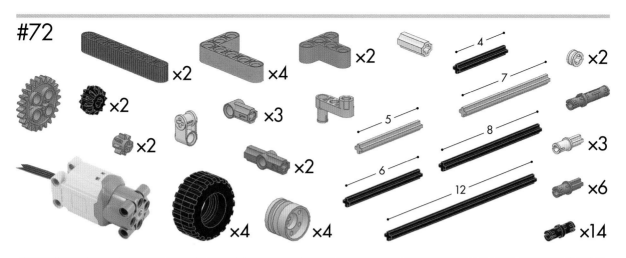

#73

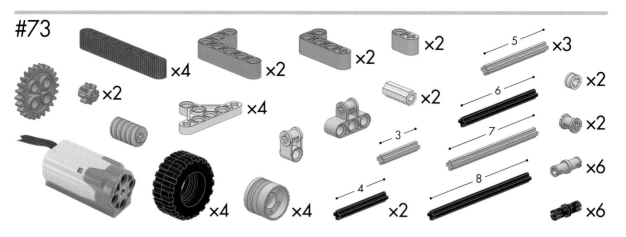

완충 장치(서스펜션)가
적용된 자동차

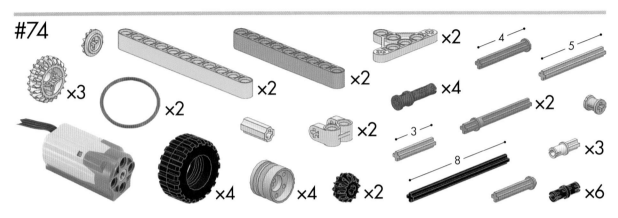

#74

×3 ×2 ×2 ×2 ×2 4 5 ×4 ×2

×4 ×2 ×2 3 8 ×3 ×6

#75

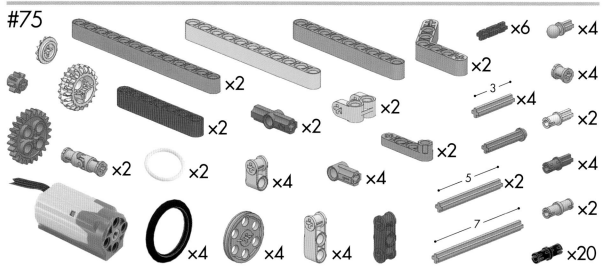

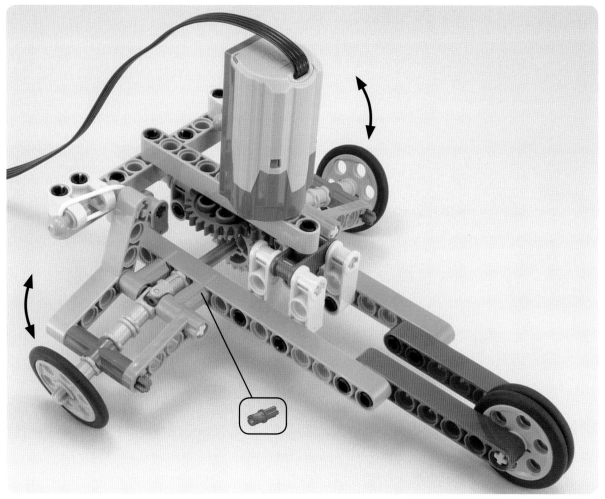

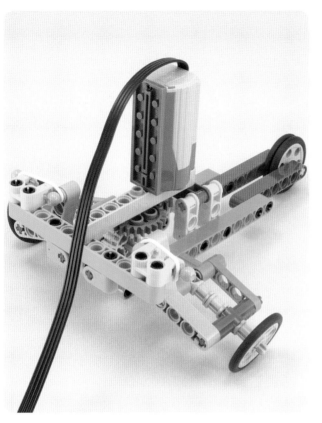

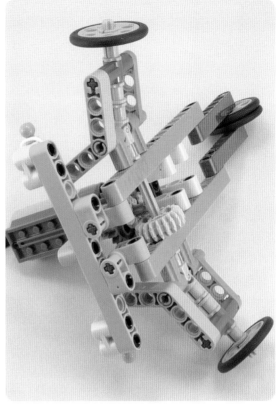

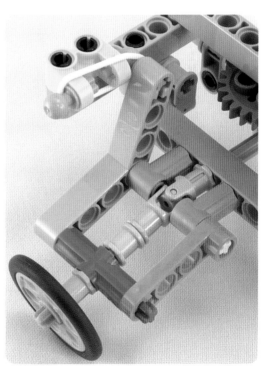

#76

×2 ×2 ×5 ×2 ×4 ×4 ×2 ×4 ×4 ×2 ×4 ×2 ×4 ×12

5 10

#77

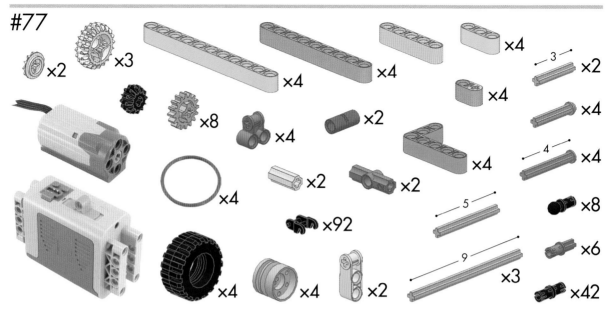

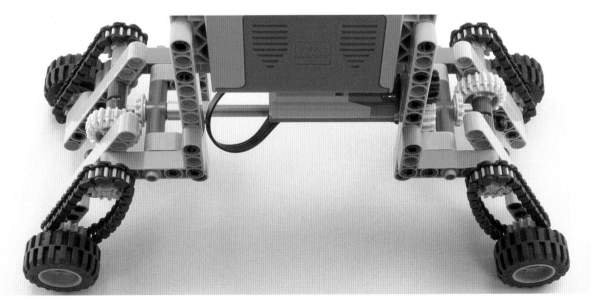

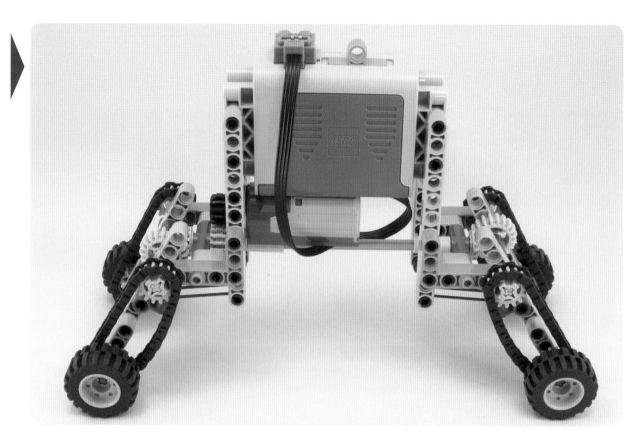

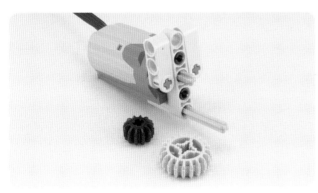

#78

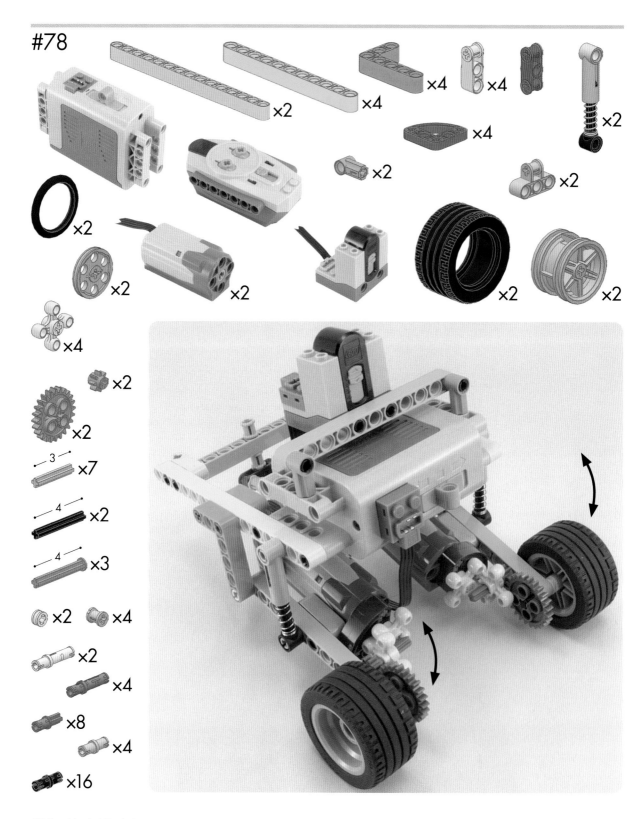

×2 ×4 ×4 ×4 ×2

×4

×2

×2

×2

×2

×2 ×2 ×2 ×2

×4

×2

×2

×7

×2

×3

×2 ×4

×2

×4

×8

×4

×16

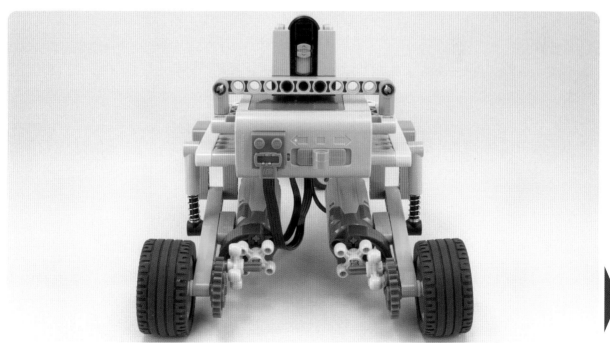

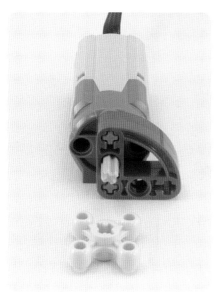

#79

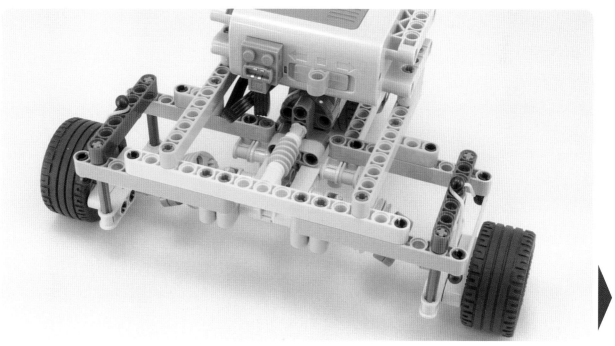

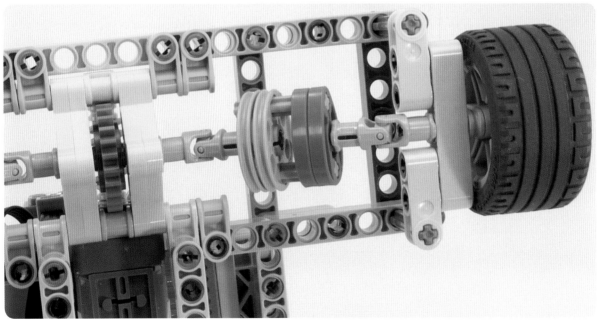

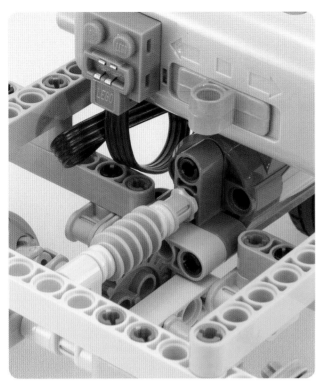

작은 자동차에 맞게
모듈식으로 설계된 다섯 종류의 차체

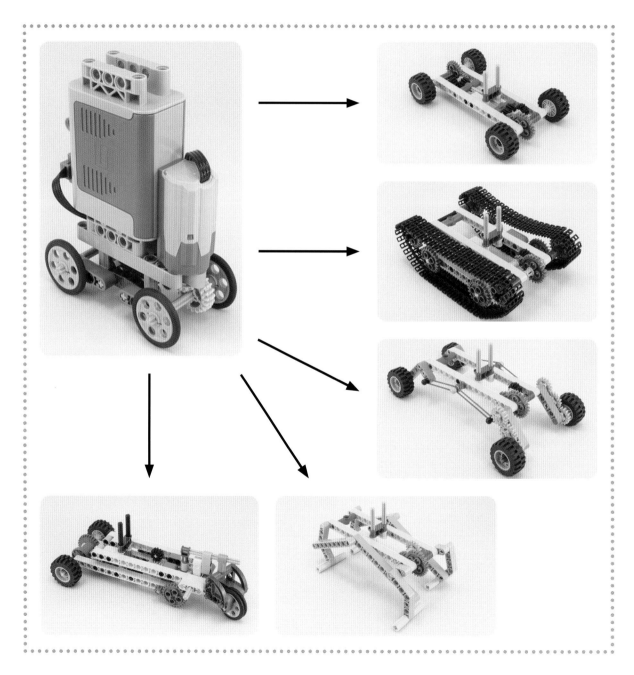

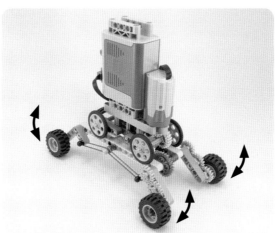

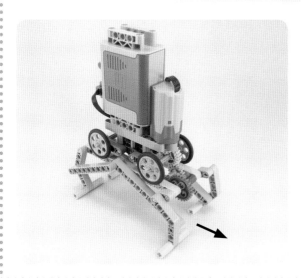

#80

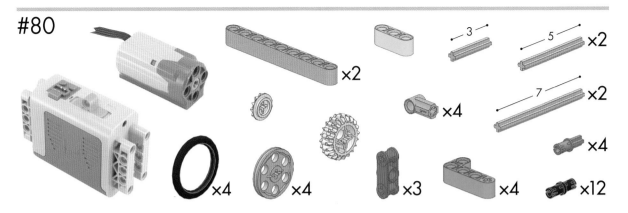

×2 ×3 ×5 ×2 ×7 ×2 ×4 ×4 ×4 ×4 ×3 ×4 ×12

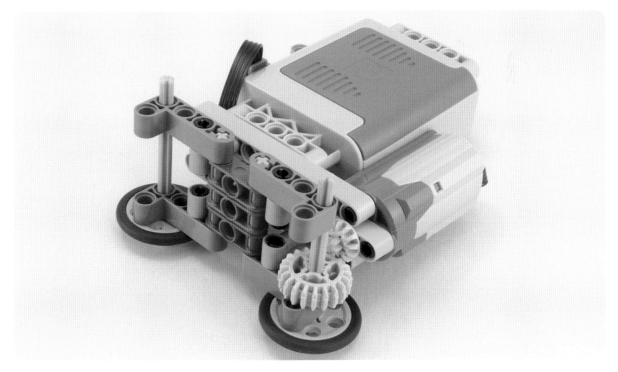

#81

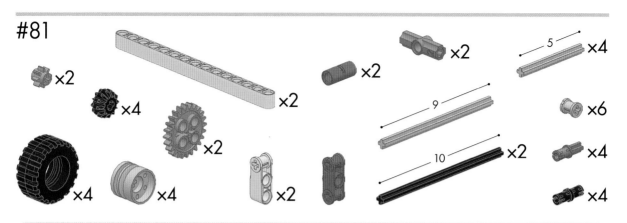

작은 자동차에 맞게 모듈식으로 설계된 다섯 종류의 차체 **137**

#82

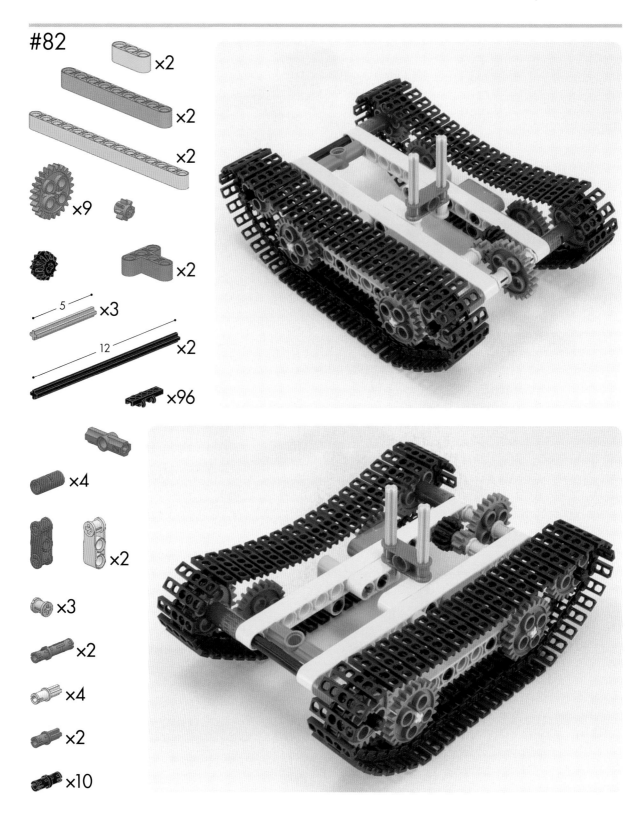

×2

×2

×2

×9

×2

5 ×3

12 ×2

×96

×4

×2

×3

×2

×4

×2

×10

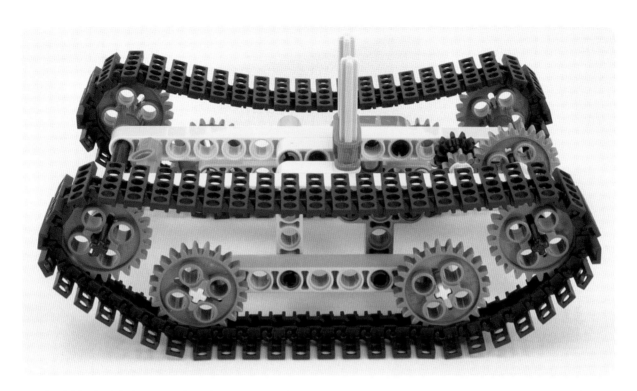

#83

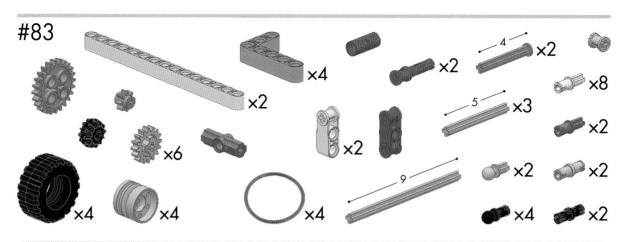

×2 ×4 ×2 ×4 ×2
×6 ×8 ×2 ×3
×4 ×4 ×4 ×9 ×2 ×2 ×4 ×2

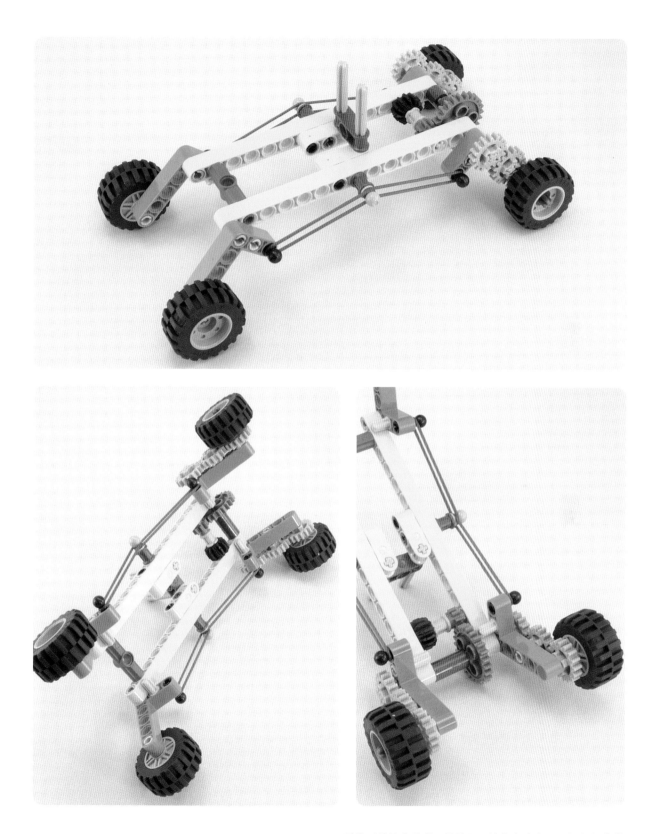

#84

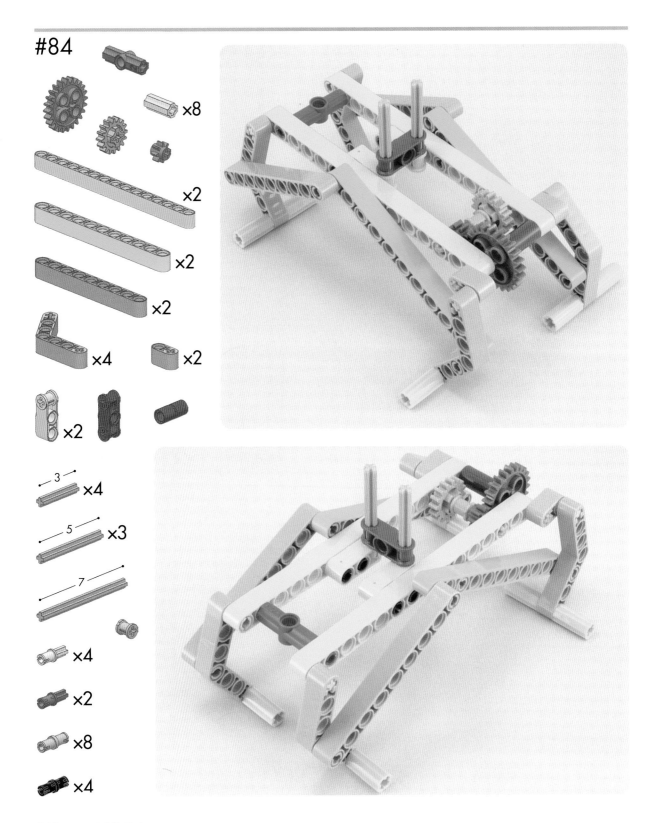

×8

×2

×2

×2

×4

×2

×2

3 ×4

5 ×3

7

×4

×2

×8

×4

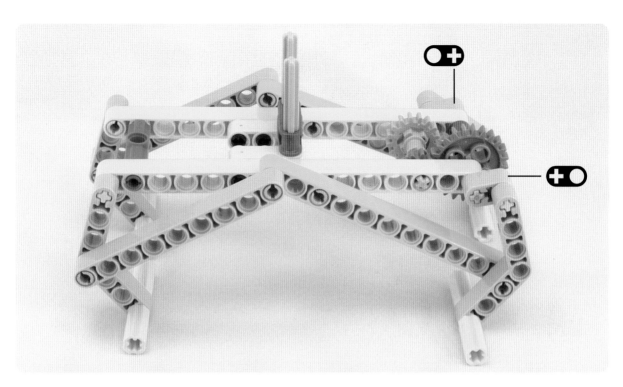

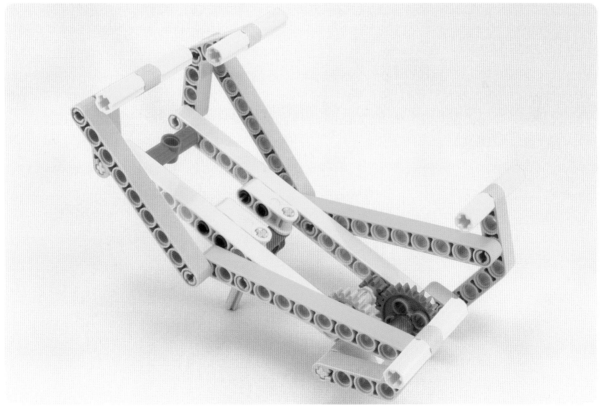

#85

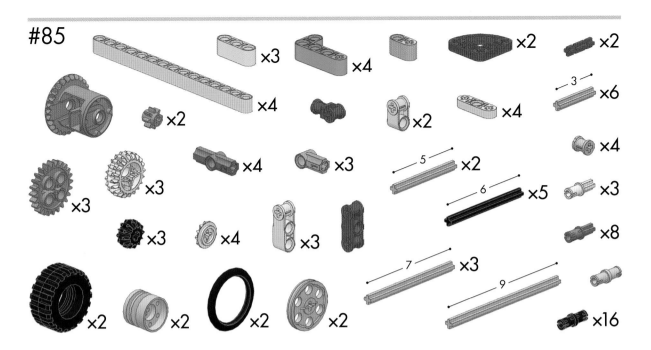

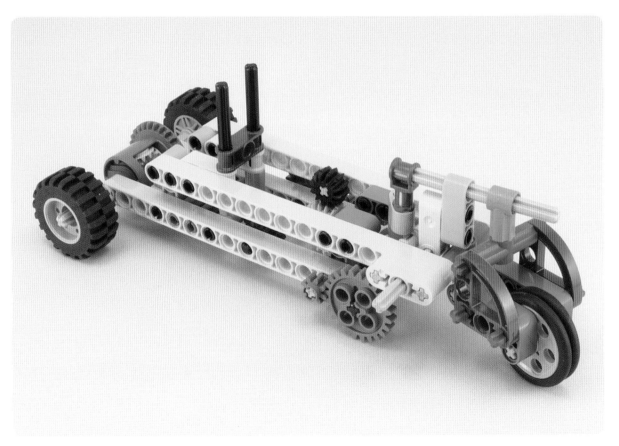

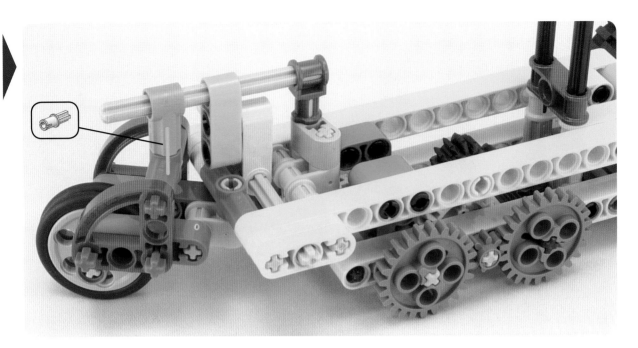

반응하는 자동차

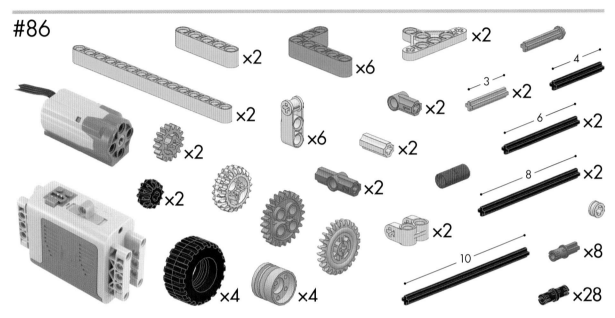

#86

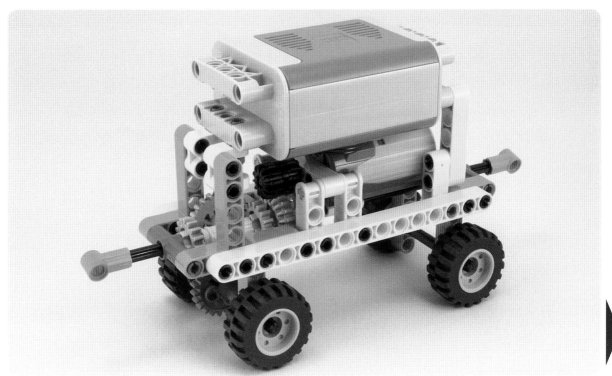

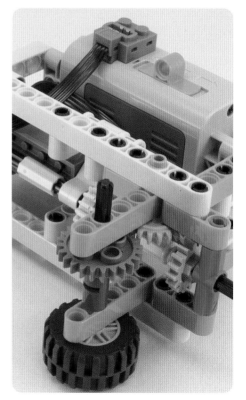

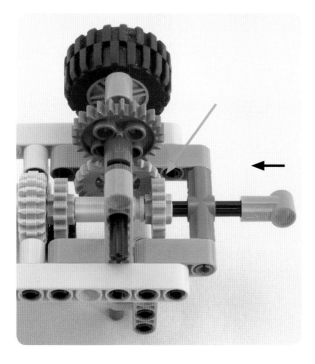

#87

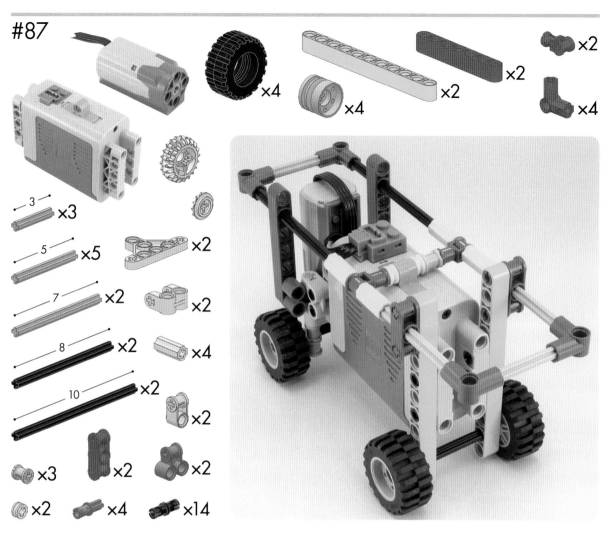

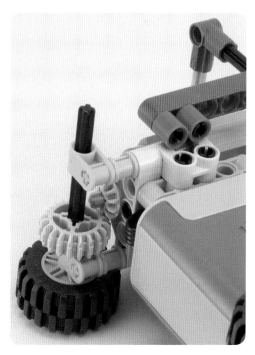

#88

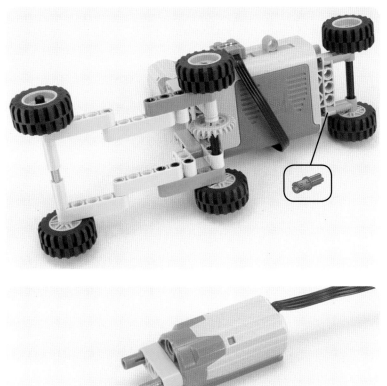

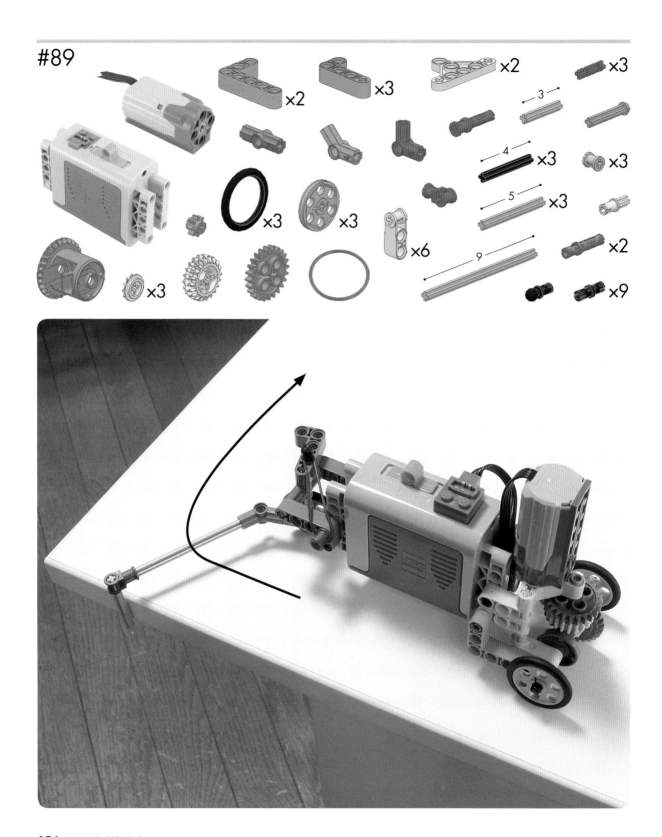

#89

×2 ×3 ×2 ×3

3

4 ×3 ×3

5 ×3

×6

9 ×2

×3

×3 ×3

×9

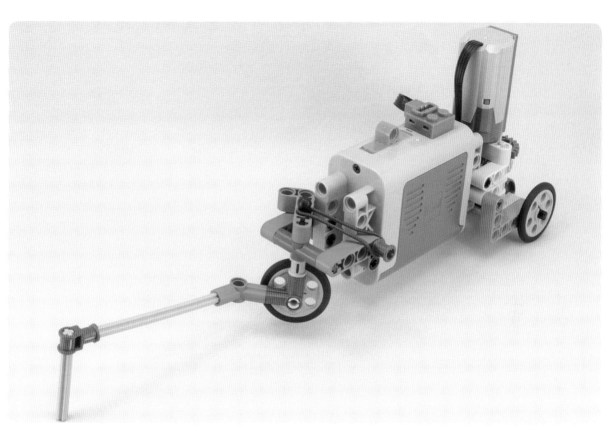

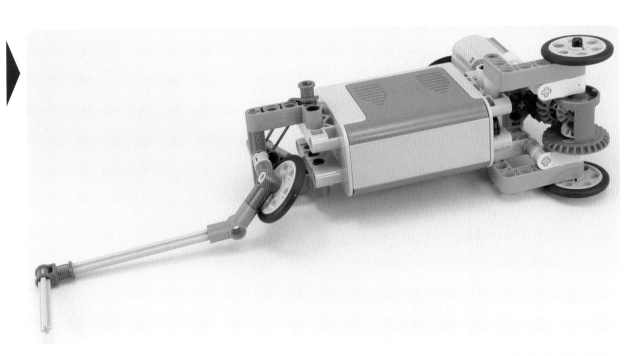

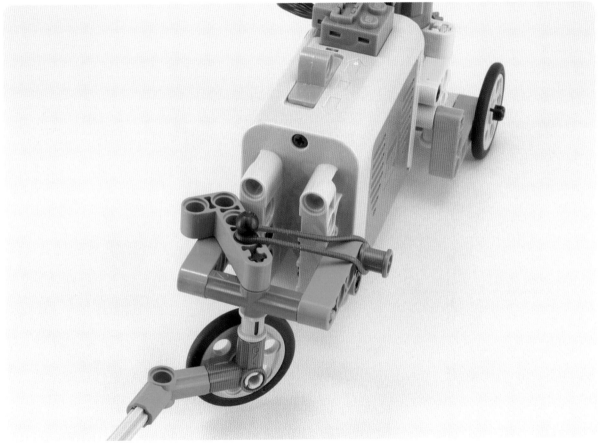

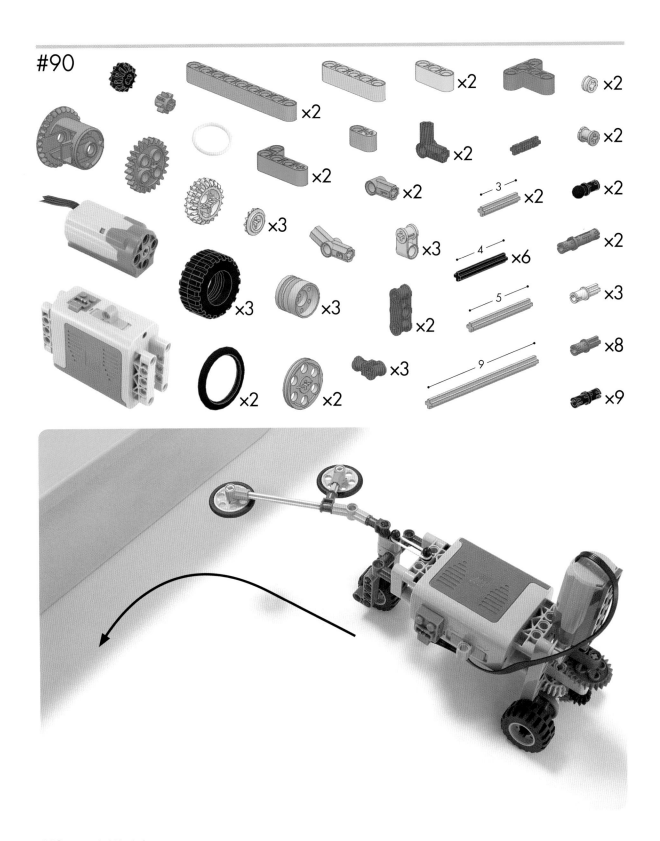

#90

×2

×2 ×2

×2

×2 ×2

×3

3 ×2

4 ×6

×3 ×3

×3 ×2

5 ×2

×3 ×3 ×3

9 ×8

×2 ×2 ×3 ×9

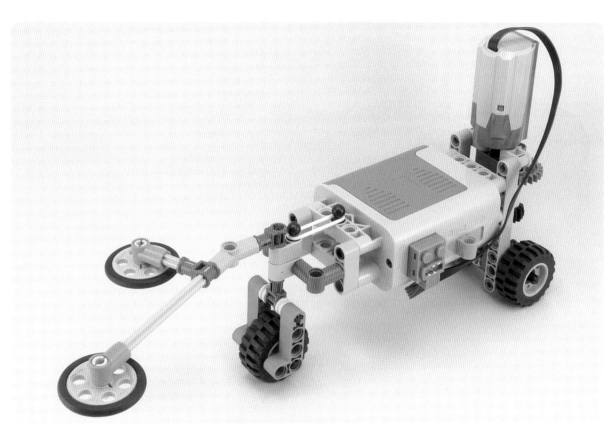

#91

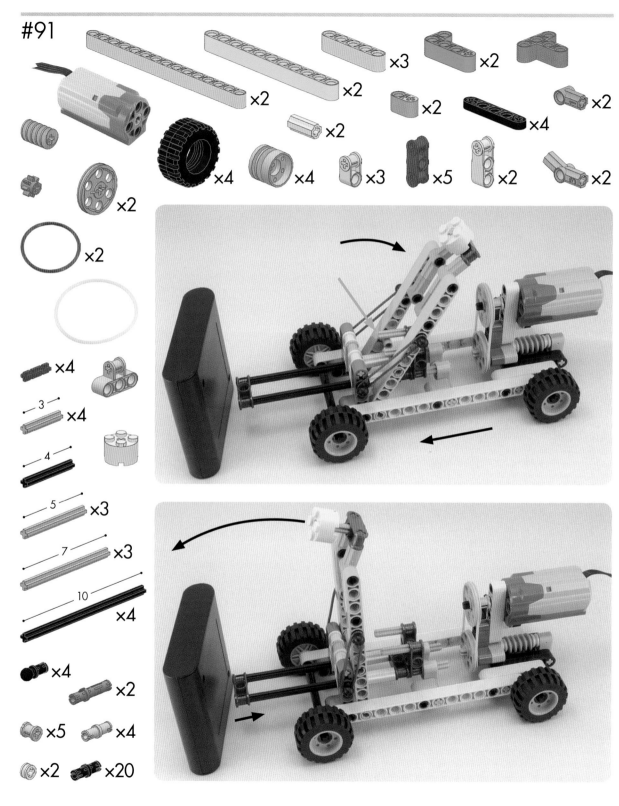

#92

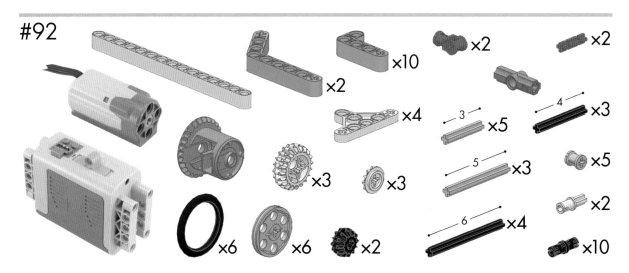

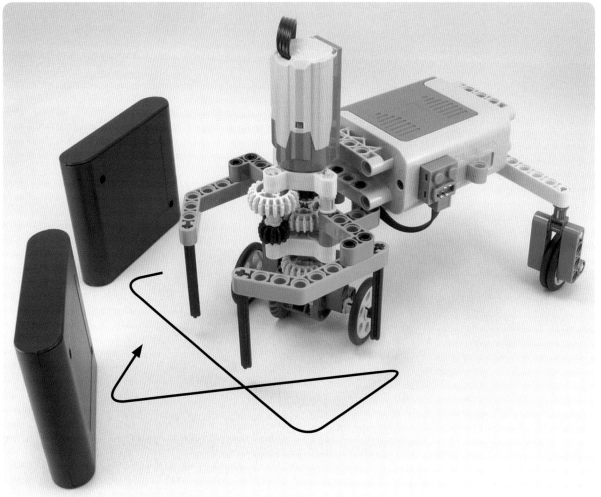

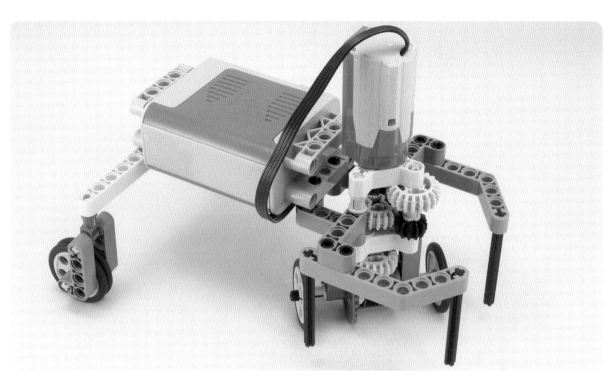

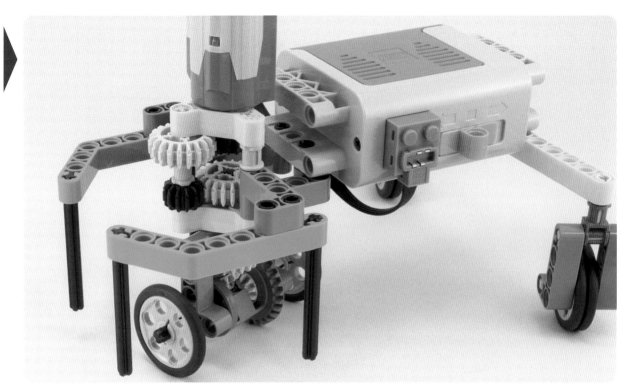

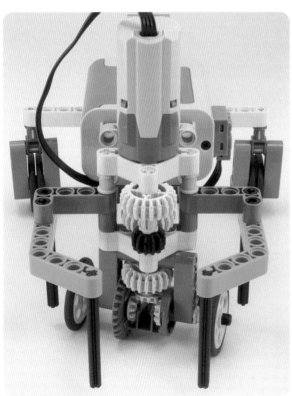

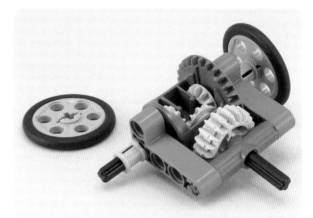

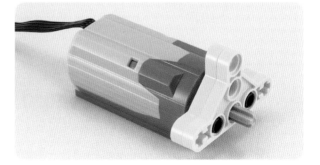

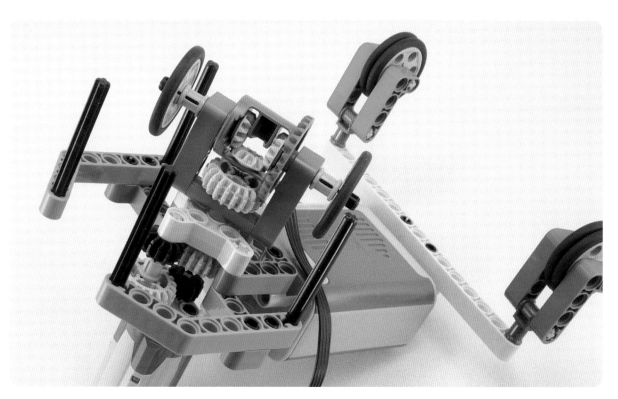

엉뚱한 자동차들

#93

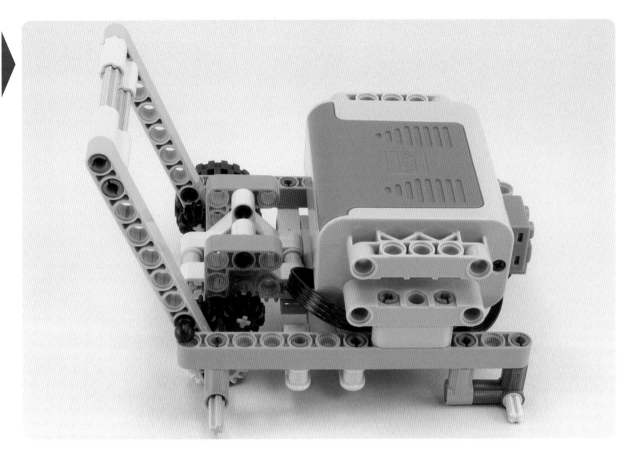

#94

#95

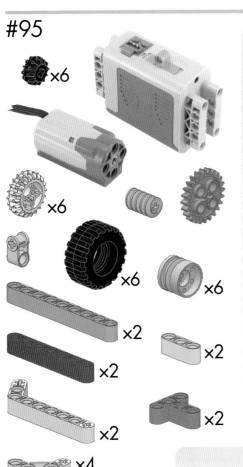

×6

×6

×6

×6

×2

×2

×2

×2

×4

×2

×6

×6

×6

×2

×4

3

5

6

9

#96

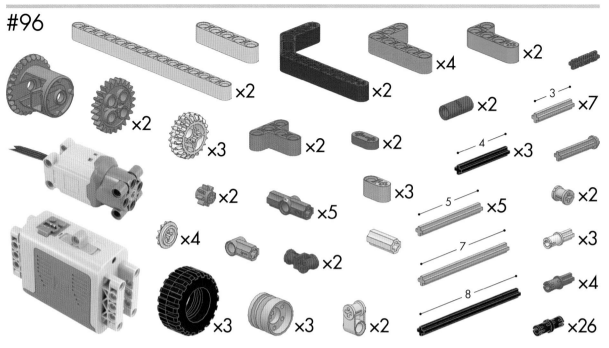

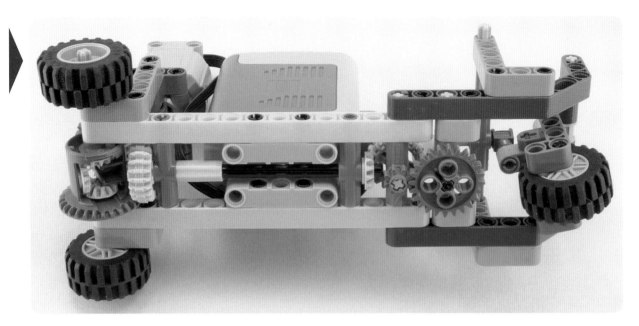

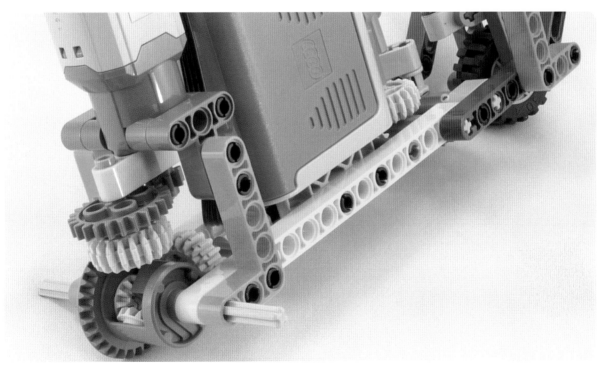

#97

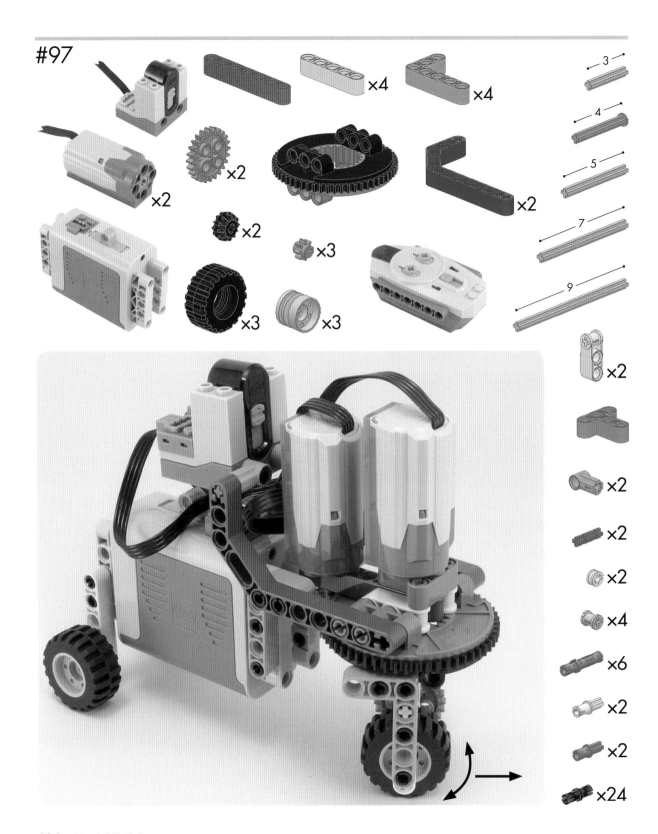

#98

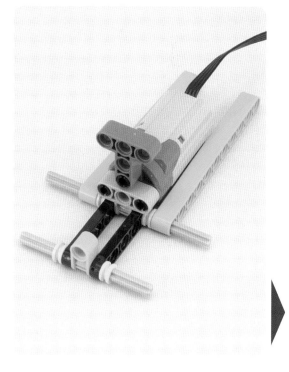

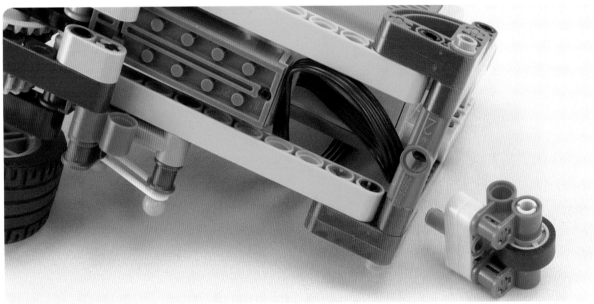

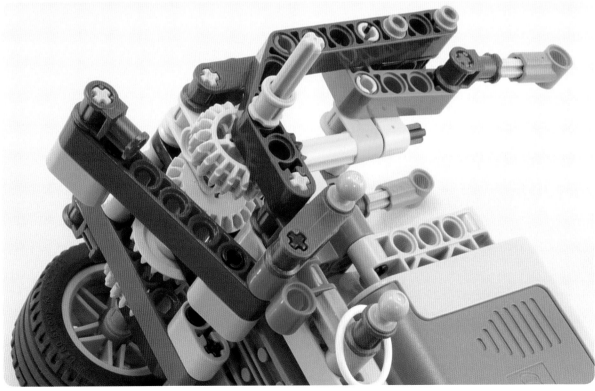

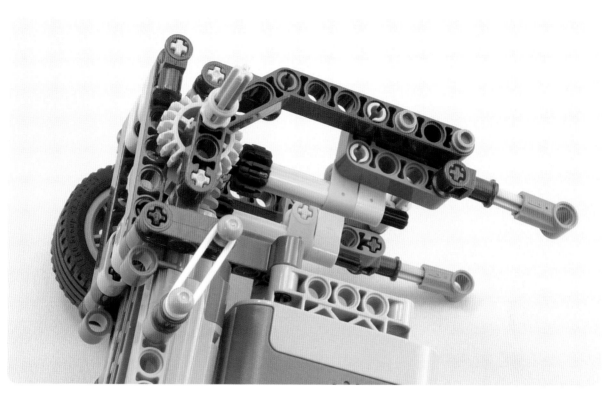

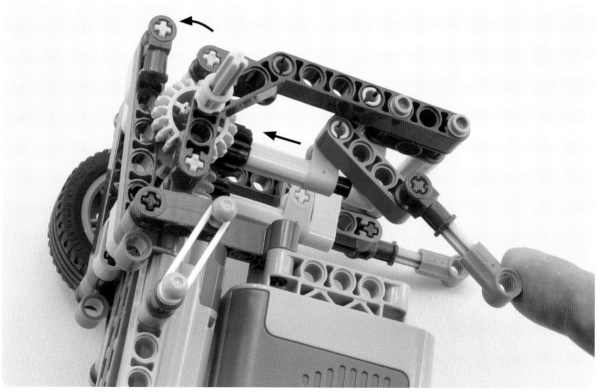

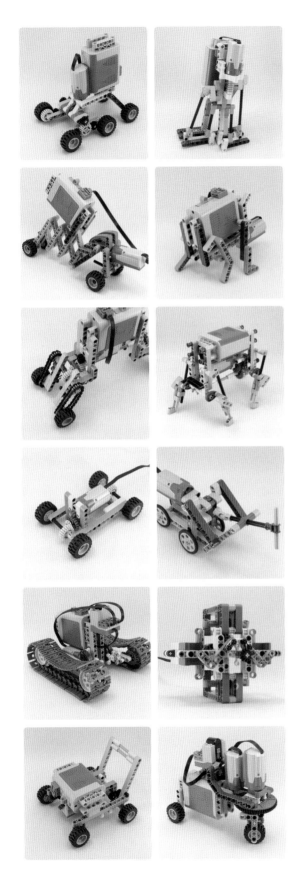

2부

바퀴 없이 움직이는 것들

 196

 220

 234

 244

 208

 224

 240

2족 보행 장치

#99 ×2 ×6 ×6 ×2 ×4 ×4

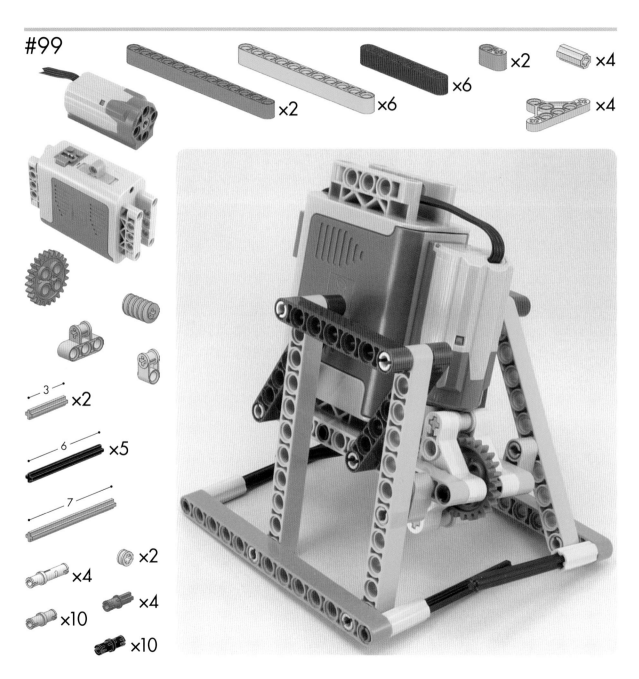

×2

3 ×2

6 ×5

7

×2

×4

×4 ×10

×10

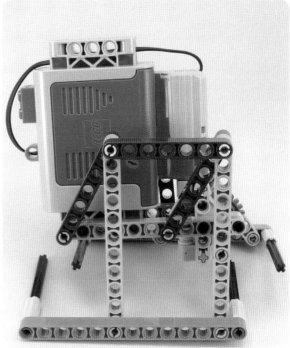

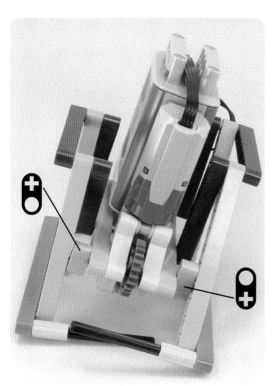

#100

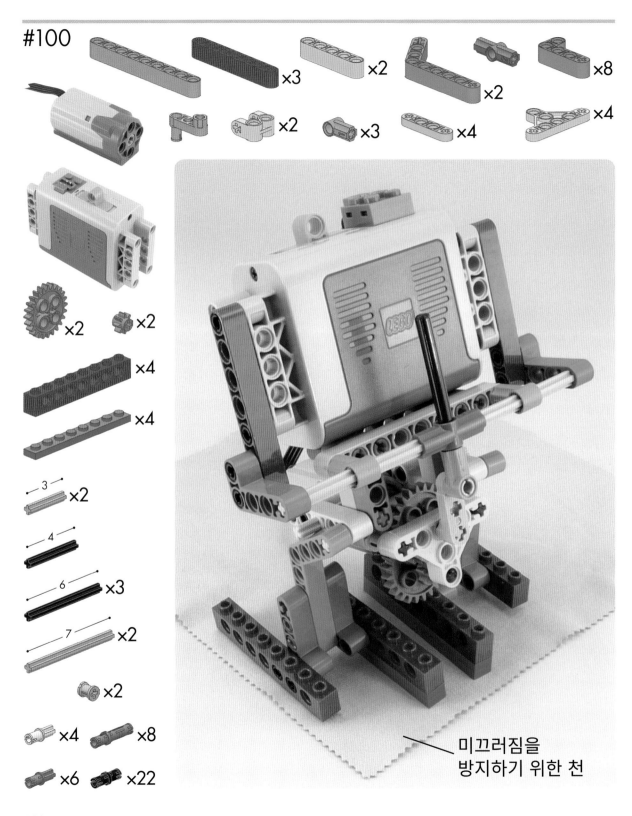

×3
×2
×2
×8

×2
×3
×4
×4

×2 ×2

×2 ×2

×4

×4

3 ×2

4

6 ×3

7 ×2

×2

×4 ×8

×6 ×22

미끄러짐을
방지하기 위한 천

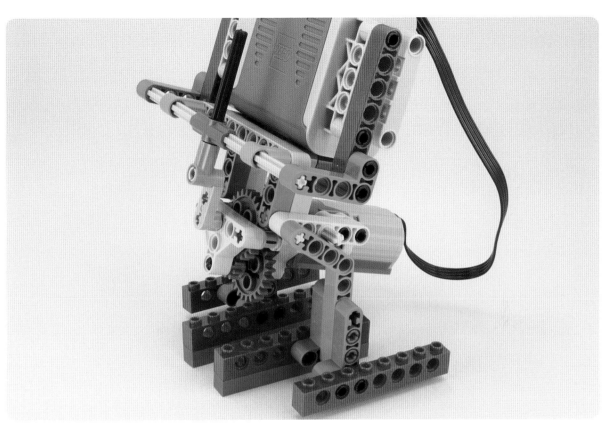

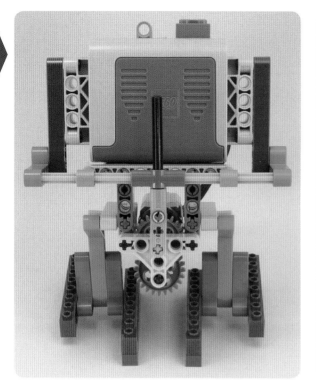

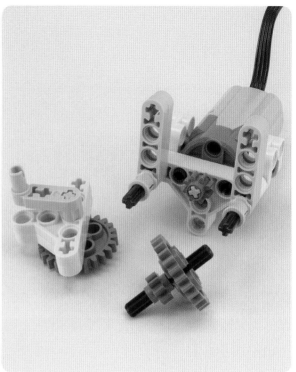

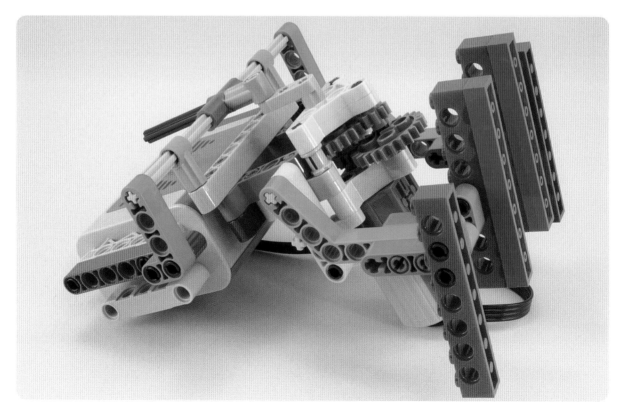

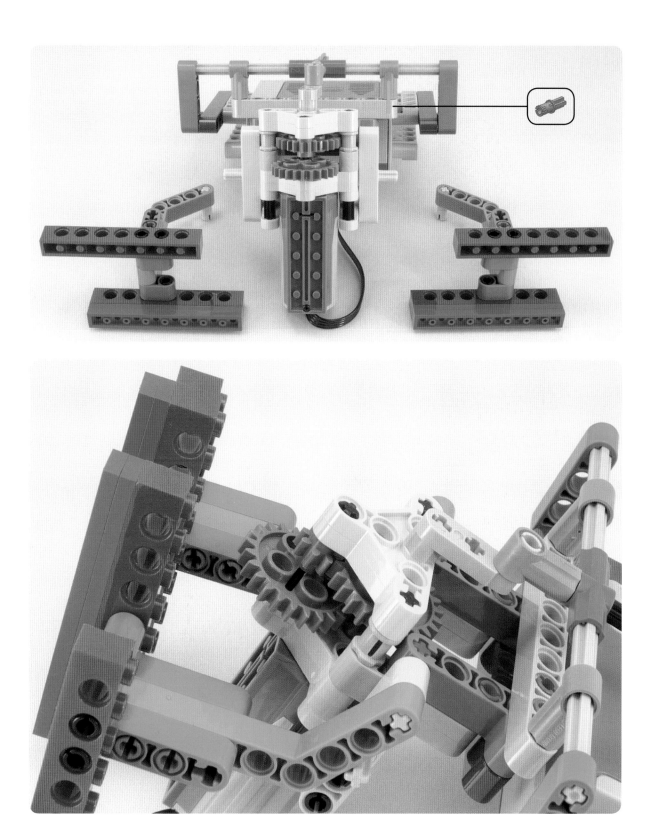

#101

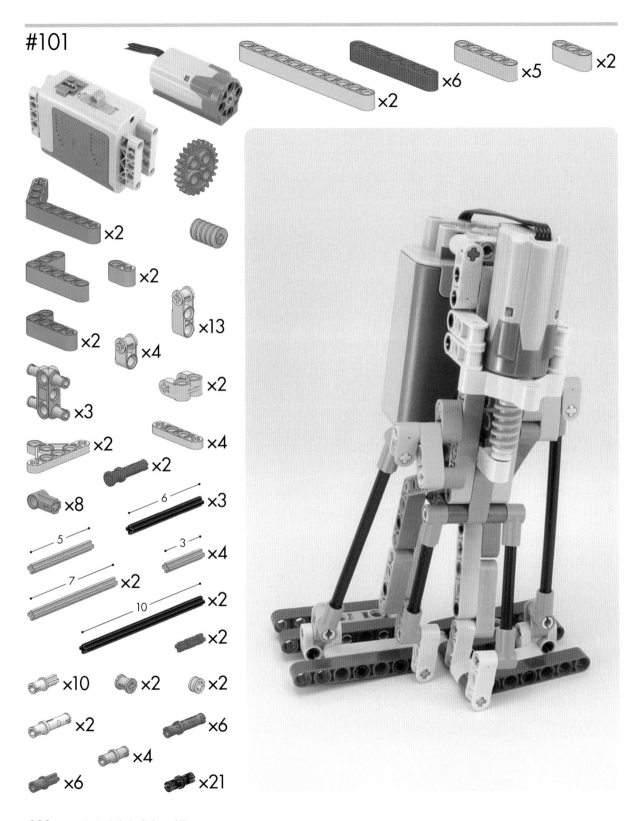

×2

×6

×5

×2

×2

×2

×2

×13

×4

×3

×2

×2

×4

×2

×8

6 ×3

5

3 ×4

7 ×2

10 ×2

×2

×10 ×2 ×2

×2 ×6

×4

×6 ×21

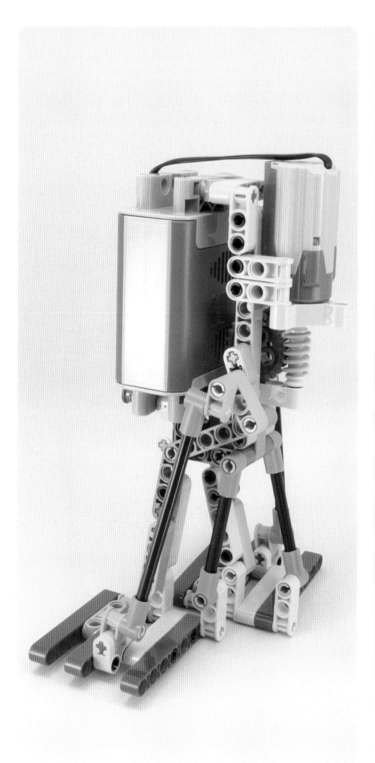
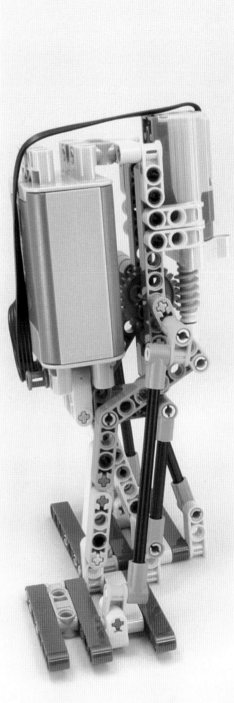

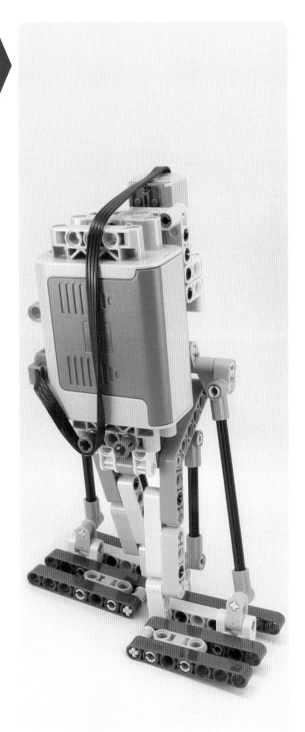
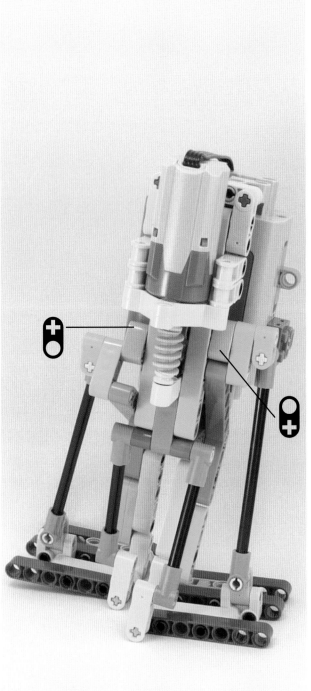

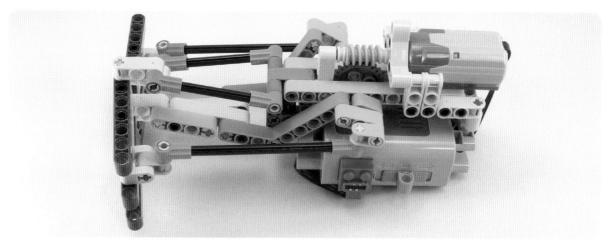

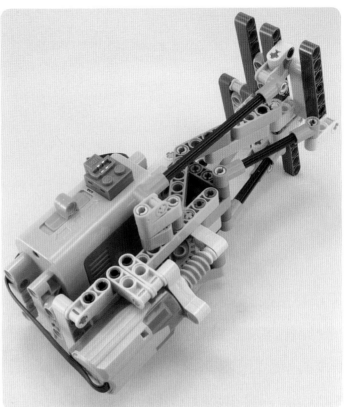

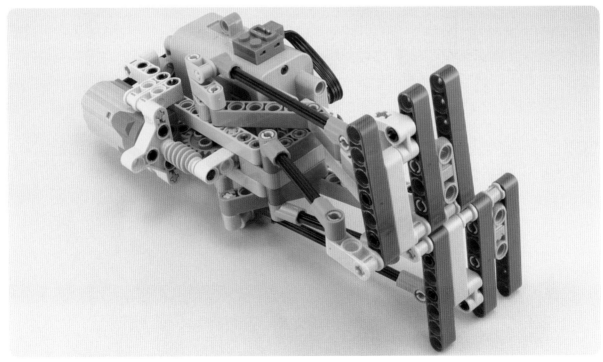

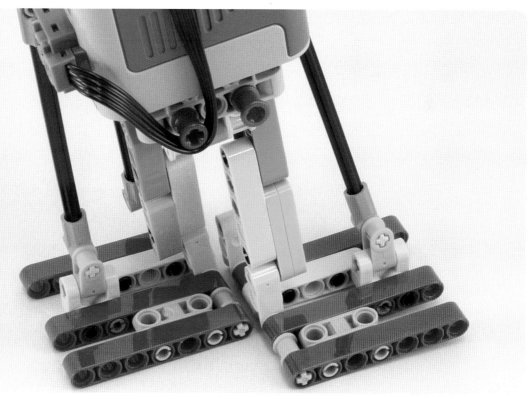

4족 보행 장치

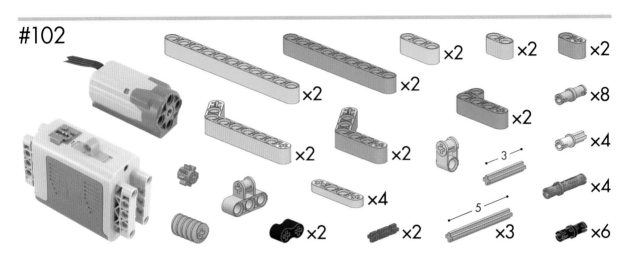

#102

×2 ×2 ×2 ×2 ×2

×8

×2

×4

-3

-5

×2 ×4 ×2 ×3 ×6

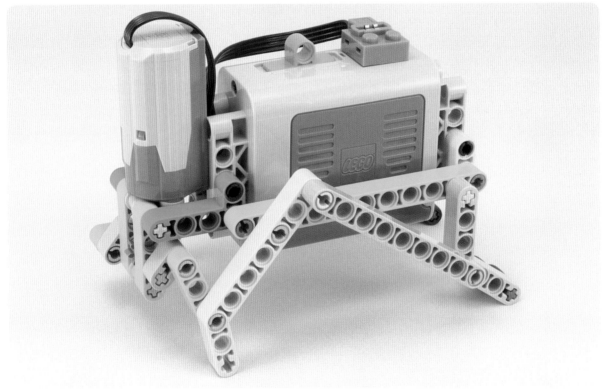

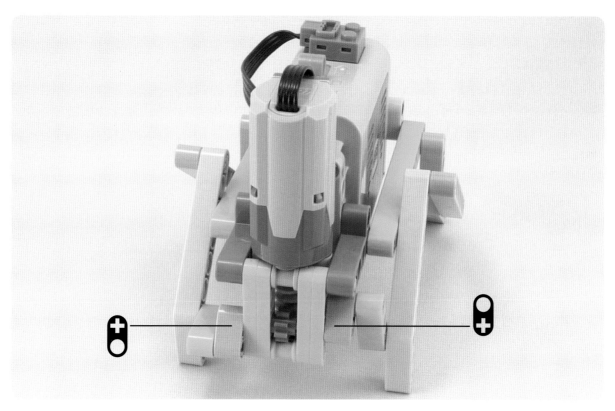

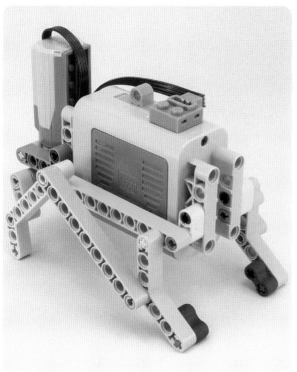

#103

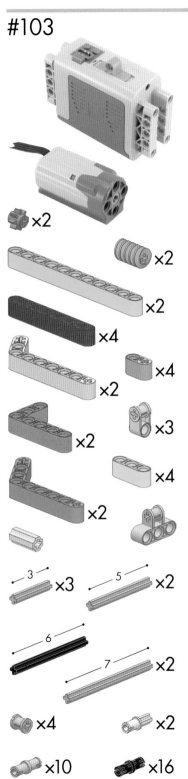

×2

×2

×2

×4

×2

×4

×2

×3

×2

×4

×2

3 ×3   5 ×2

6   7 ×2

×4   ×2

×10   ×16

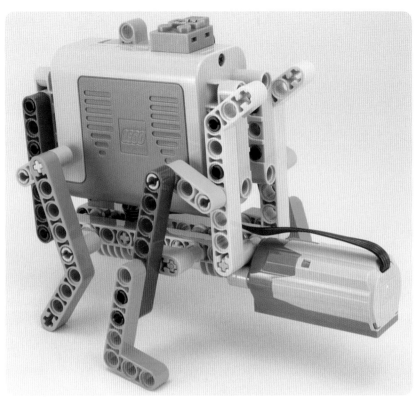

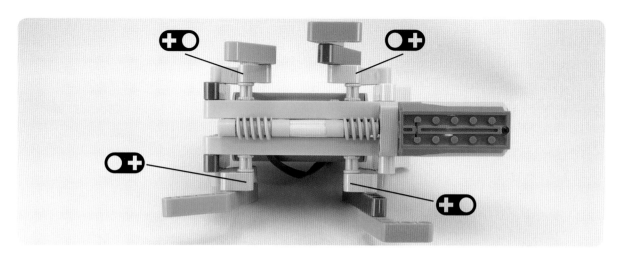

#104

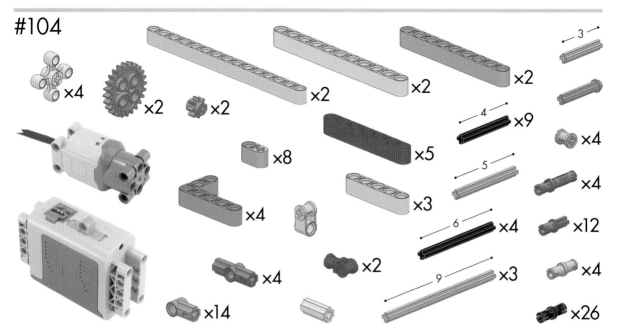

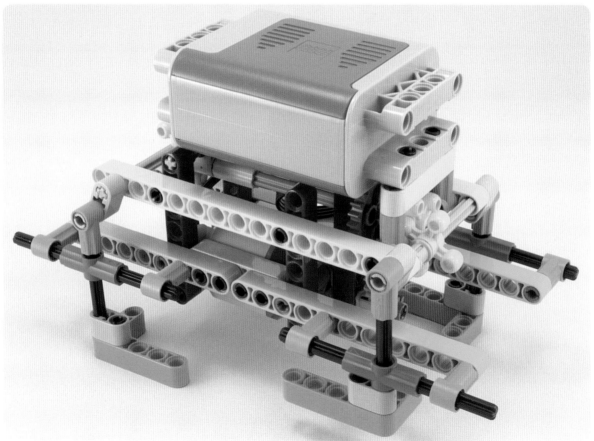

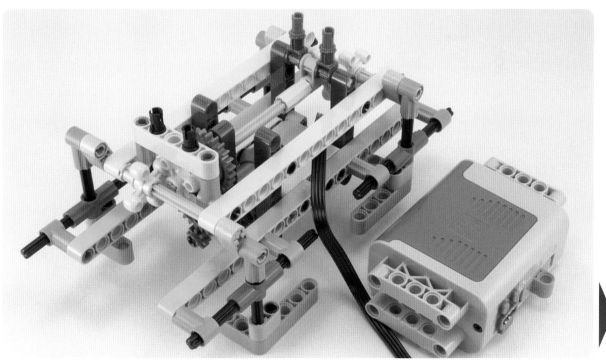

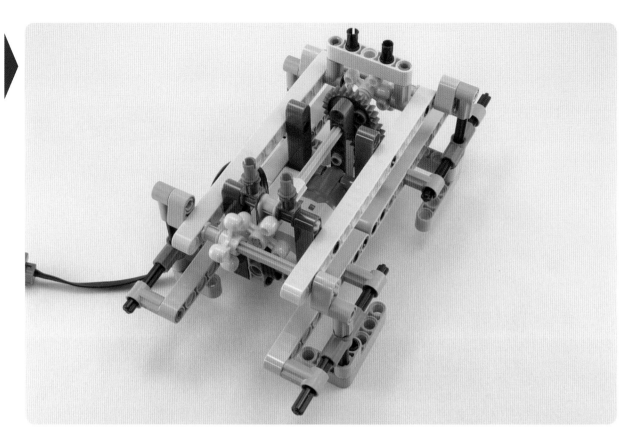

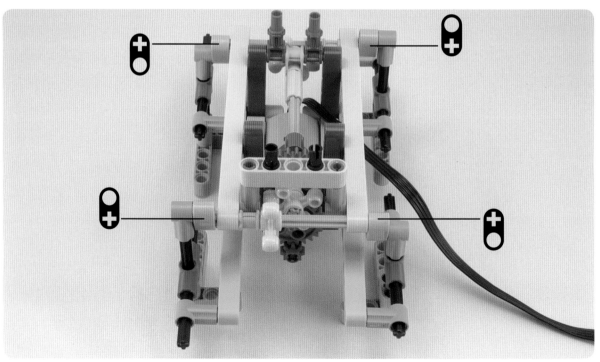

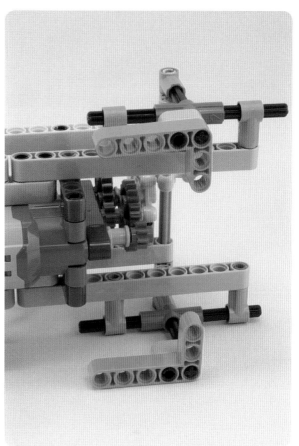

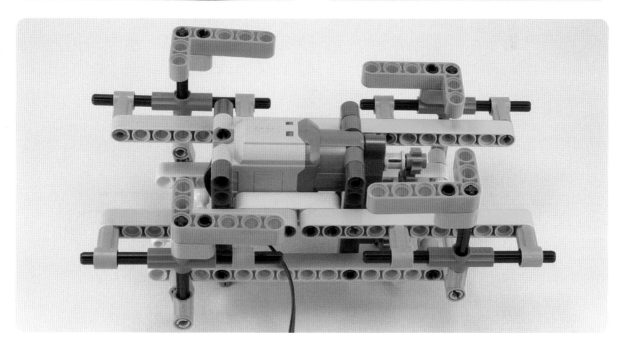

#105

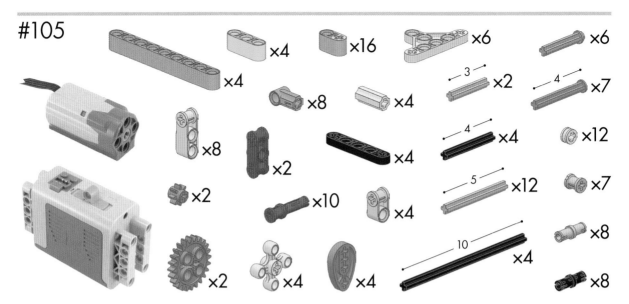

×4 ×4 ×16 ×6 ×6
×8 ×4 3 ×2 4 ×7
×8 ×2 4 ×4 ×12
×2 ×10 ×4 5 ×12 ×7
×2 ×4 ×4 10 ×4 ×8
×8

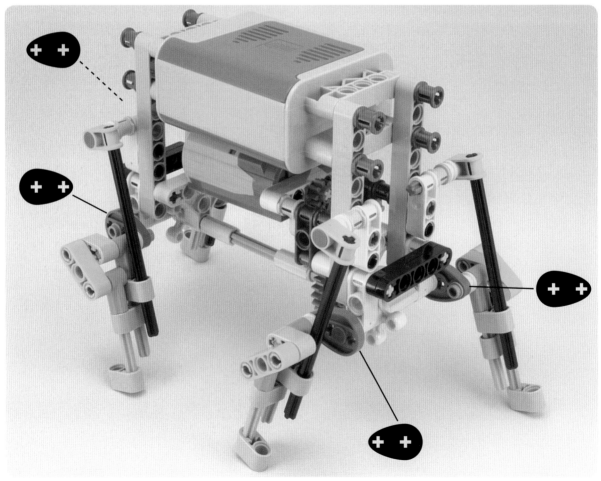

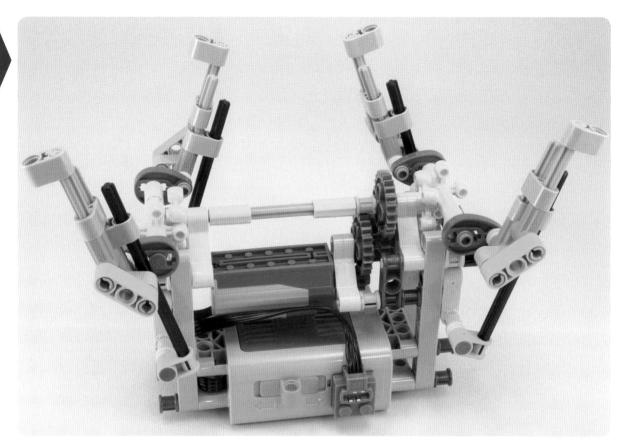

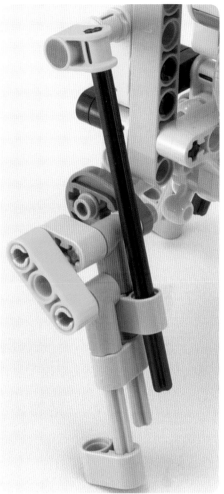

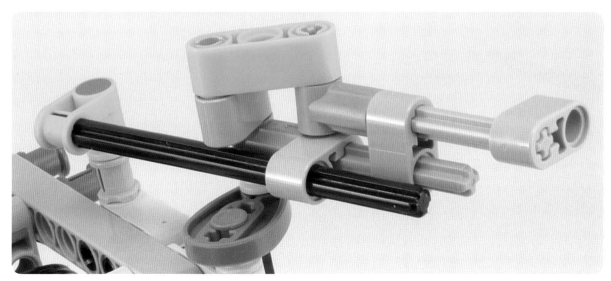

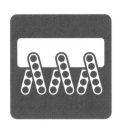

6족 보행 장치

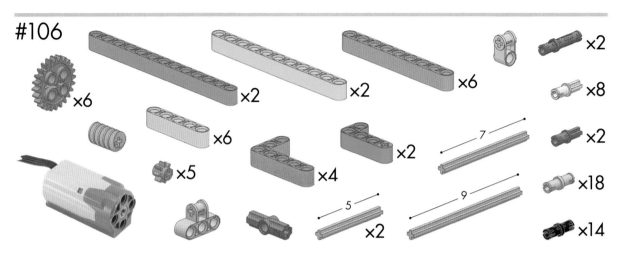

x6

x2

x2

x6

x2

x6

x5

x4

7

5

x2

9

x2

x8

x2

x18

x14

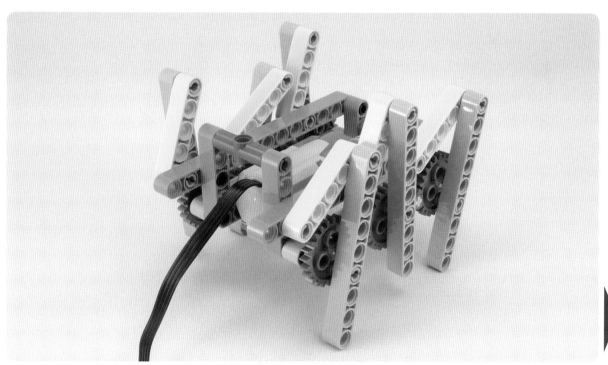

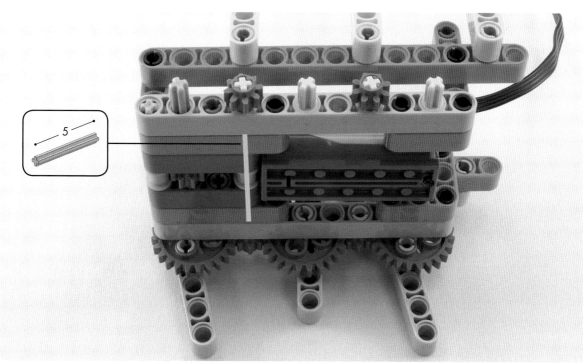

엉뚱한 보행 장치들

#107

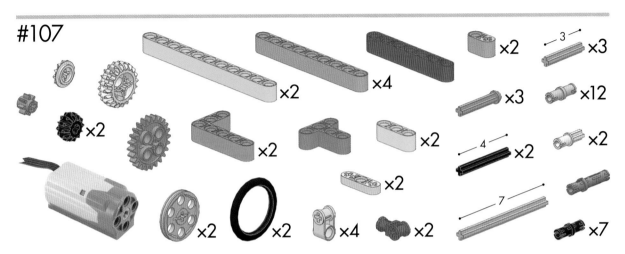

#108

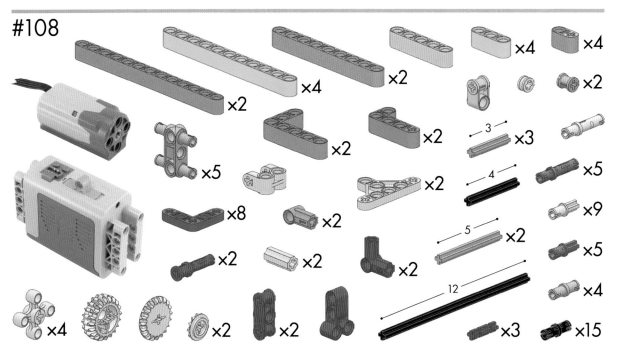

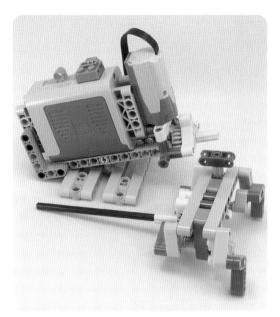

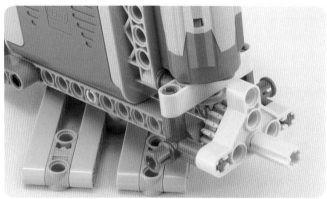

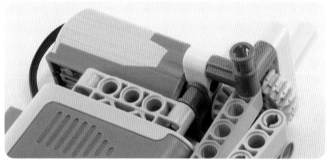

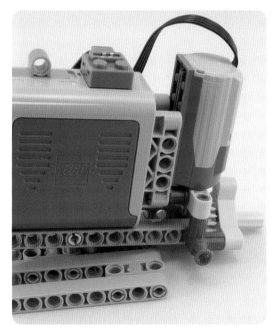

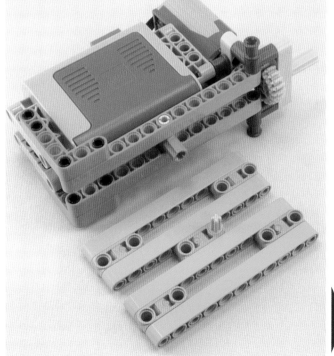

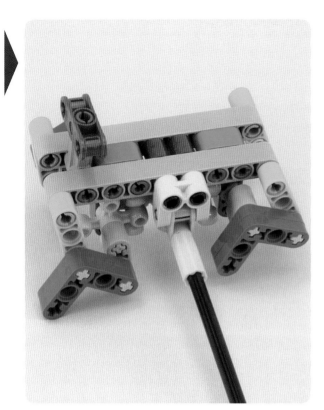

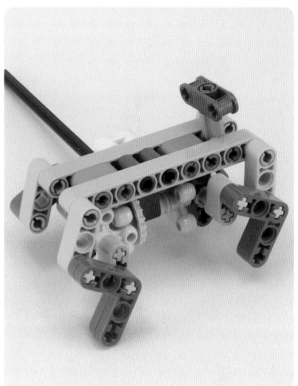

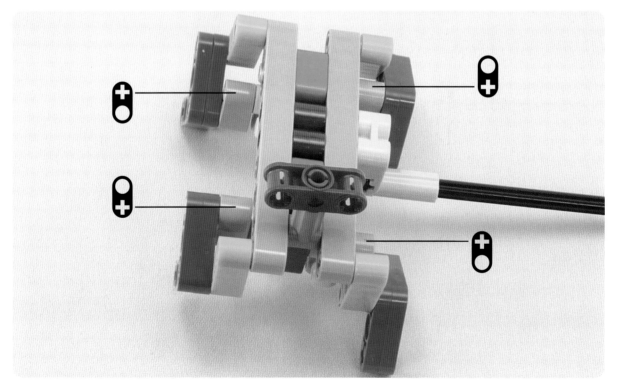

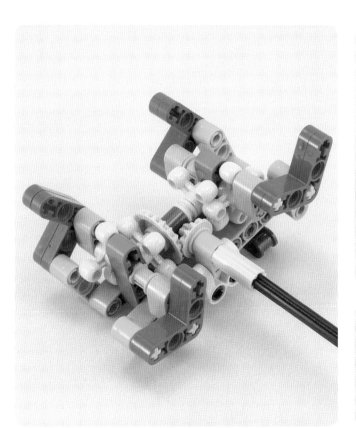
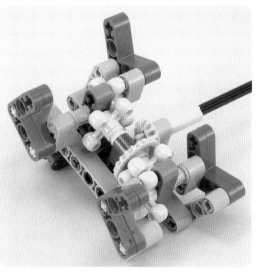

#109

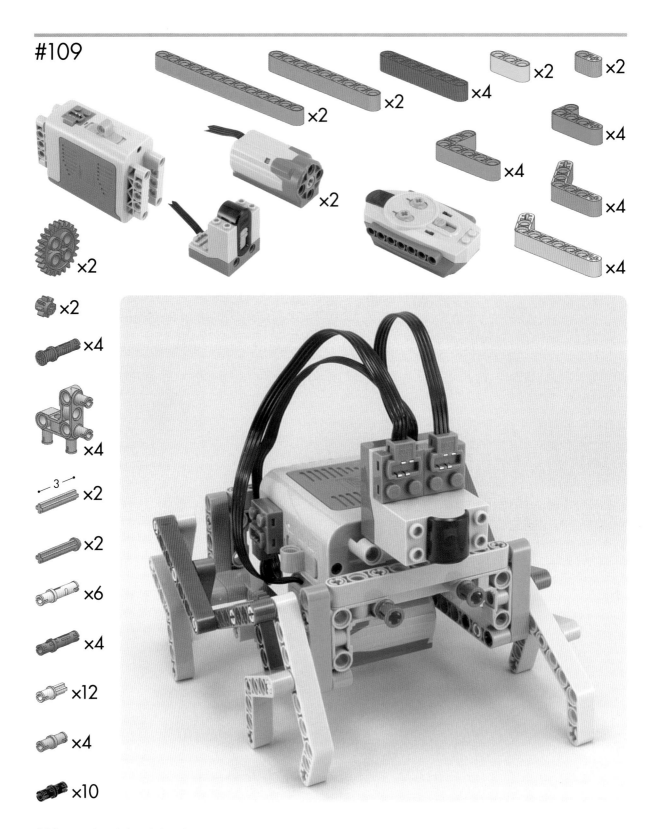

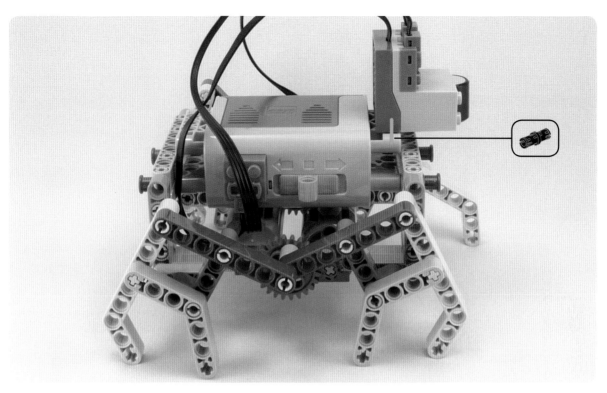

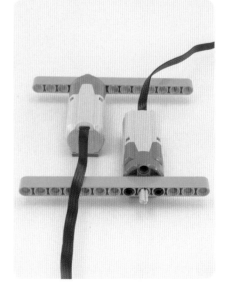

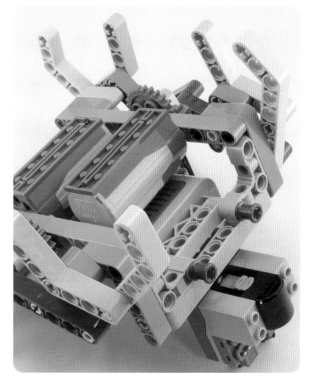

자벌레처럼 움직이기

#110

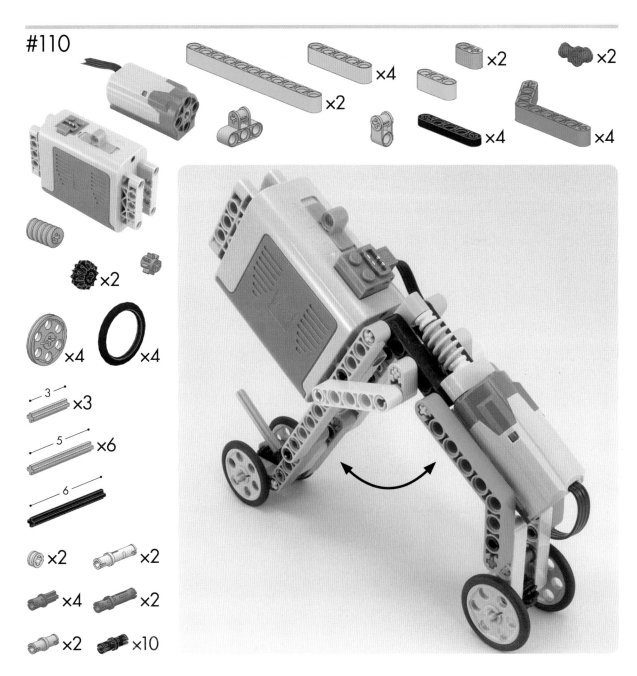

×2 ×4 ×2 ×2
×2 ×4 ×4

×2
×4 ×4

3 ×3
5 ×6
6

×2 ×2
×4 ×2
×2 ×10

#111

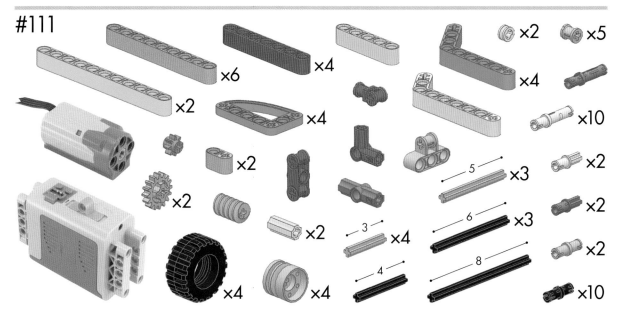

진동을 이용해서 움직이기

#112

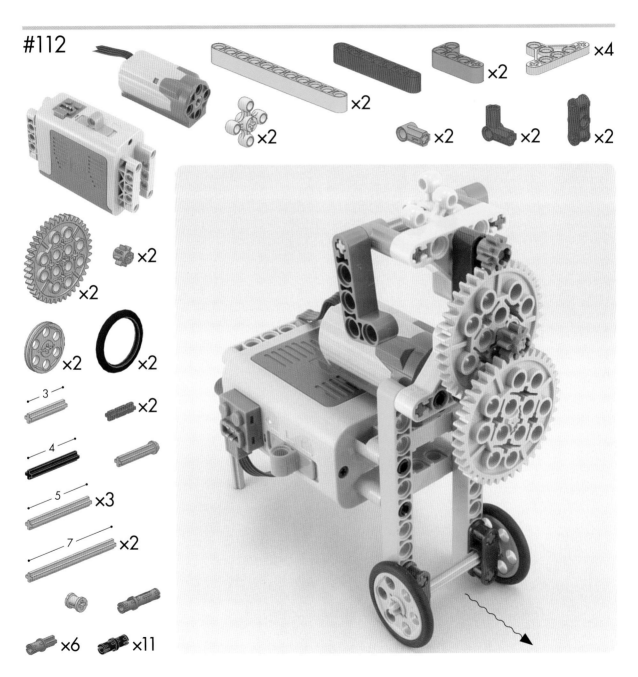

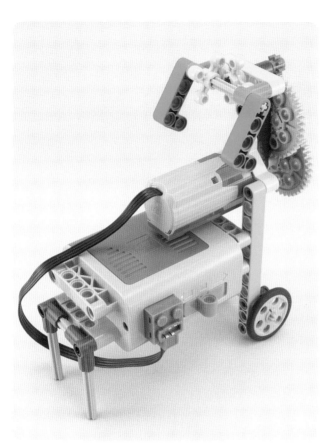

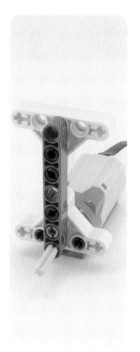

#113

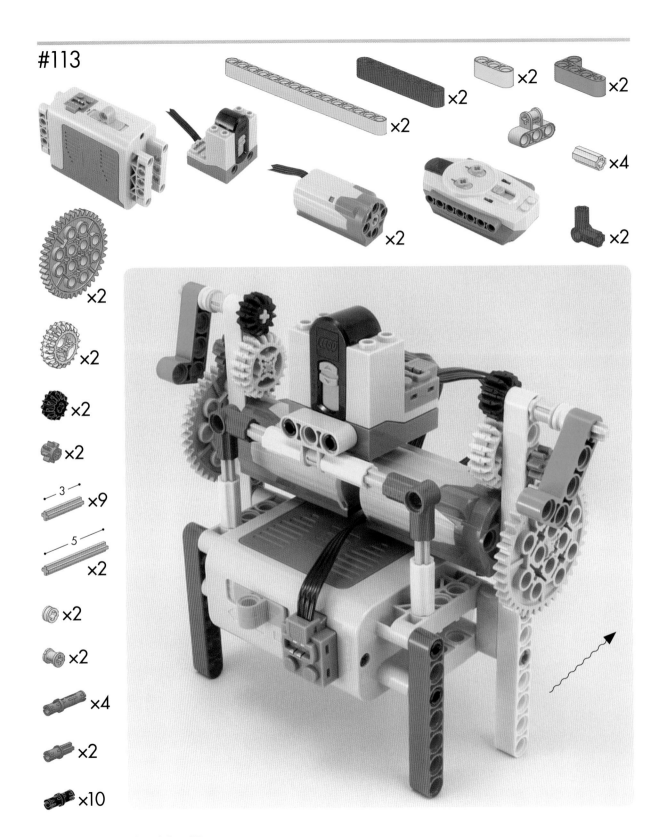

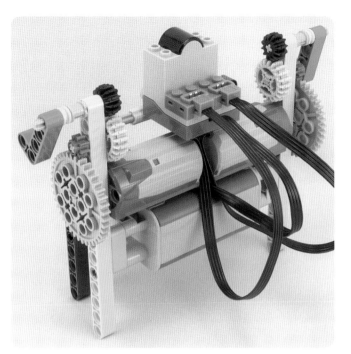

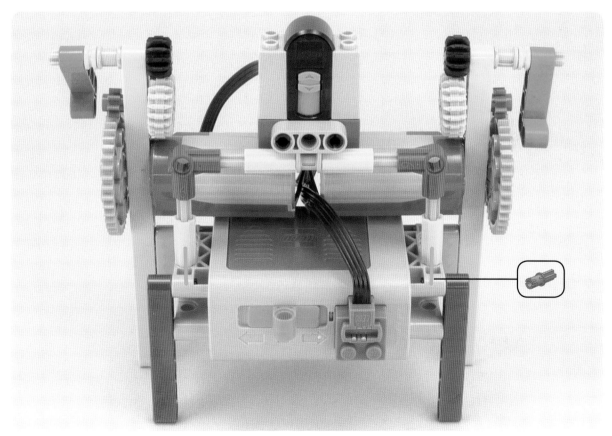

그 외 움직이는 방법들

#114

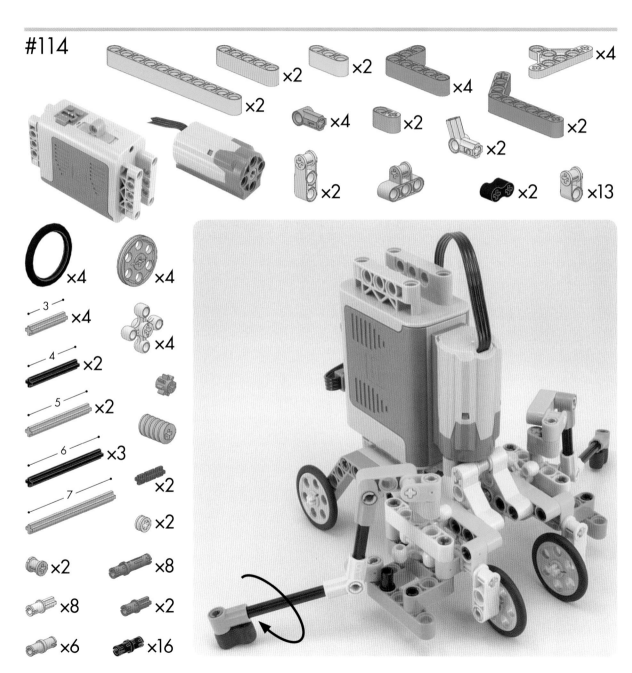

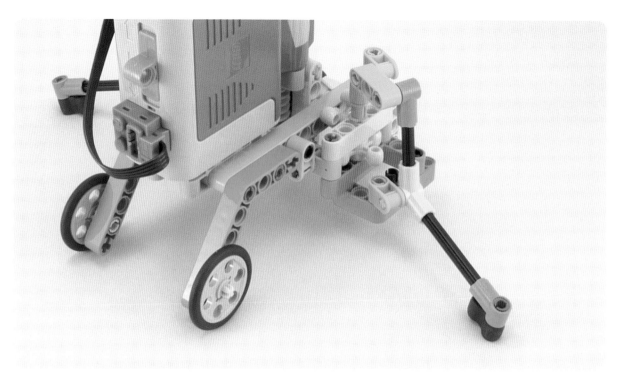

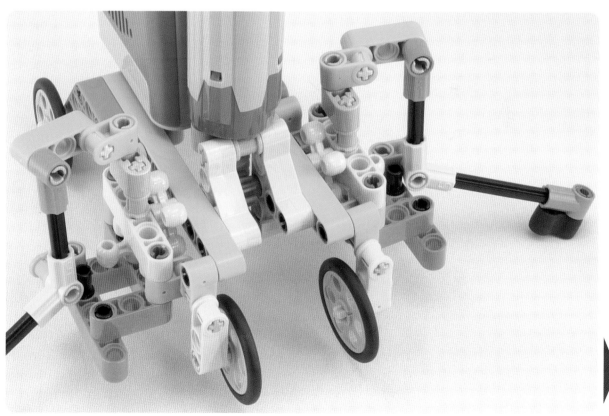

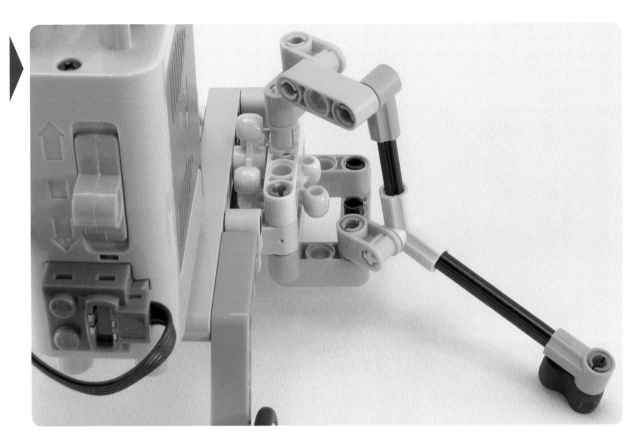

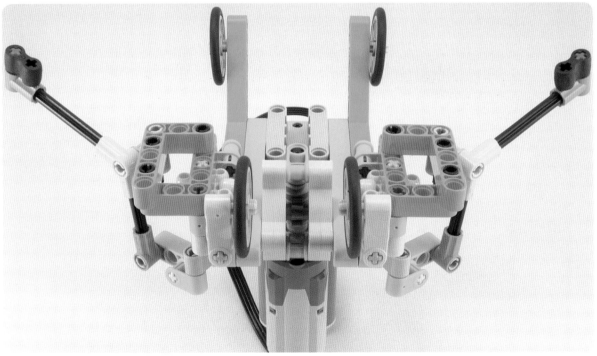

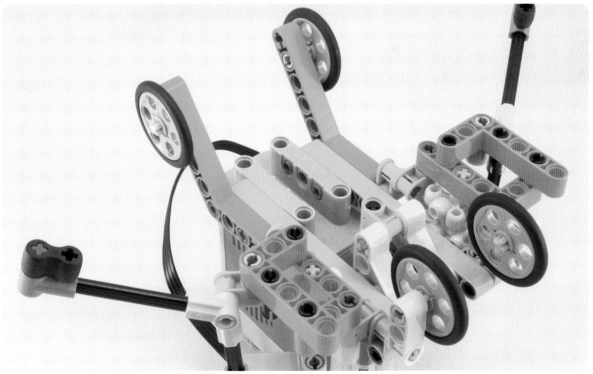

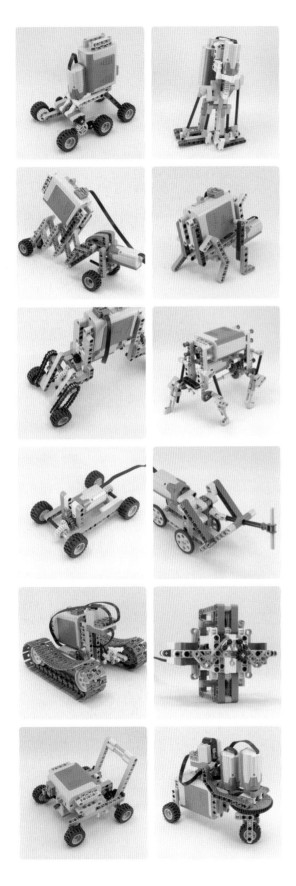

3부

흥미로운 동작 원리

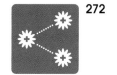

간헐 운동 장치

#115

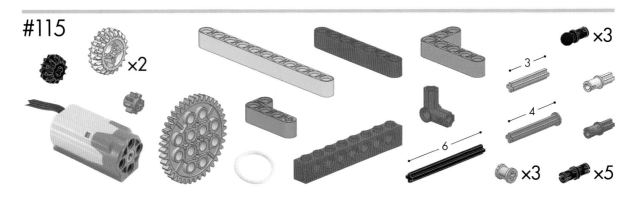

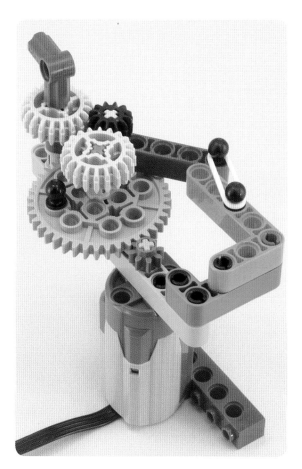

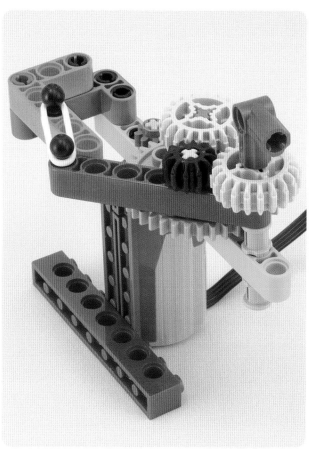

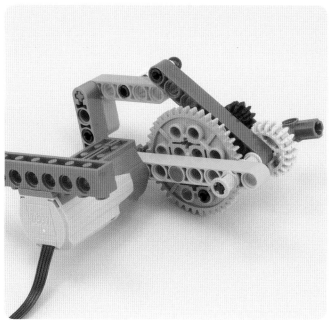

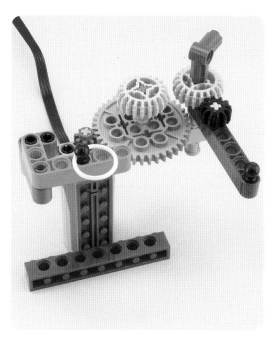

#116

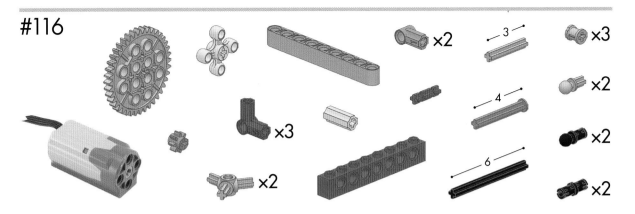

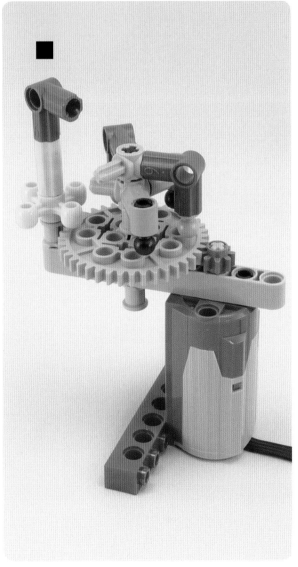

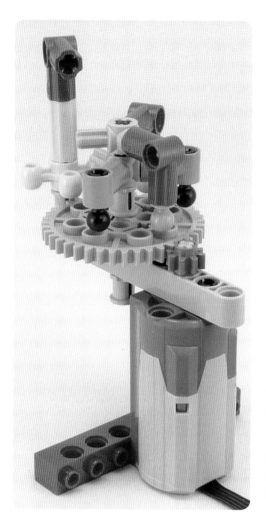

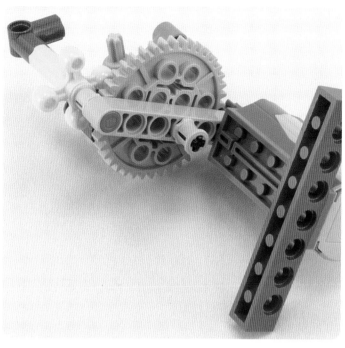

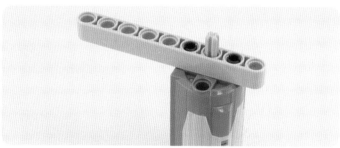

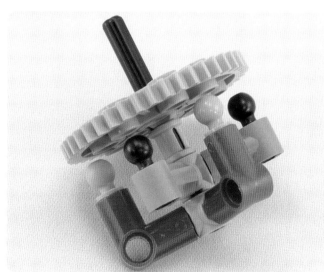

#117

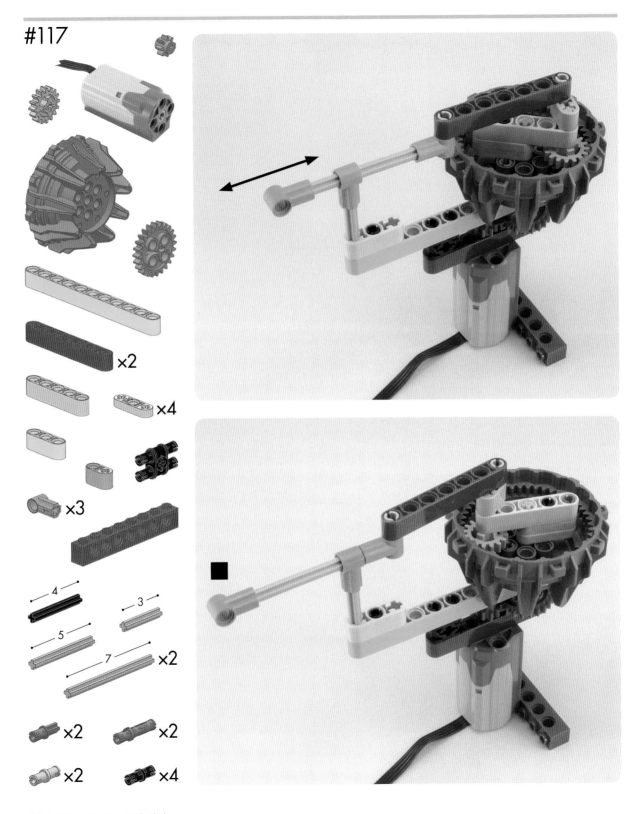

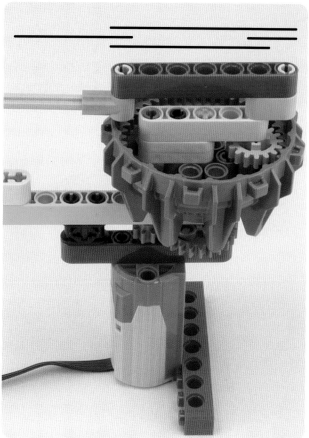

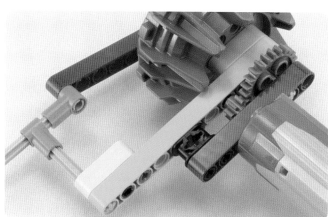

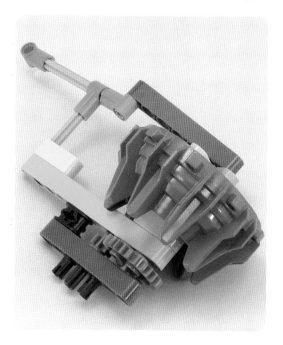

부드러운 속도 변화

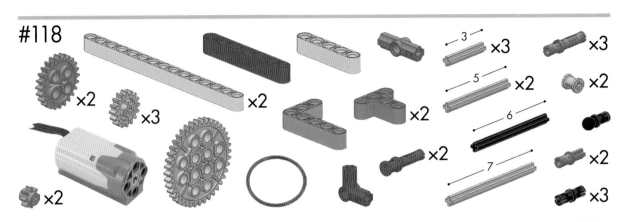

#118

×2 ×3 ×2 ×3

×2 ×2 ×3

×2 ×2

×2 ×2

×2 ×3

6

7

3

5

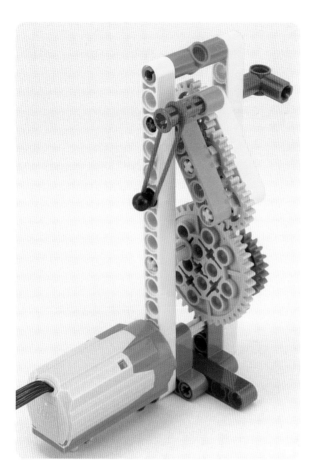

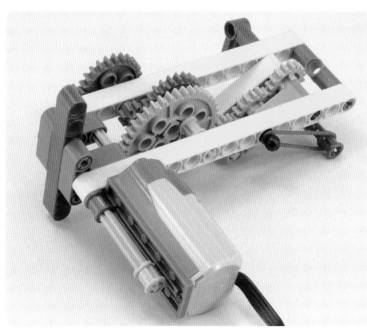

#119

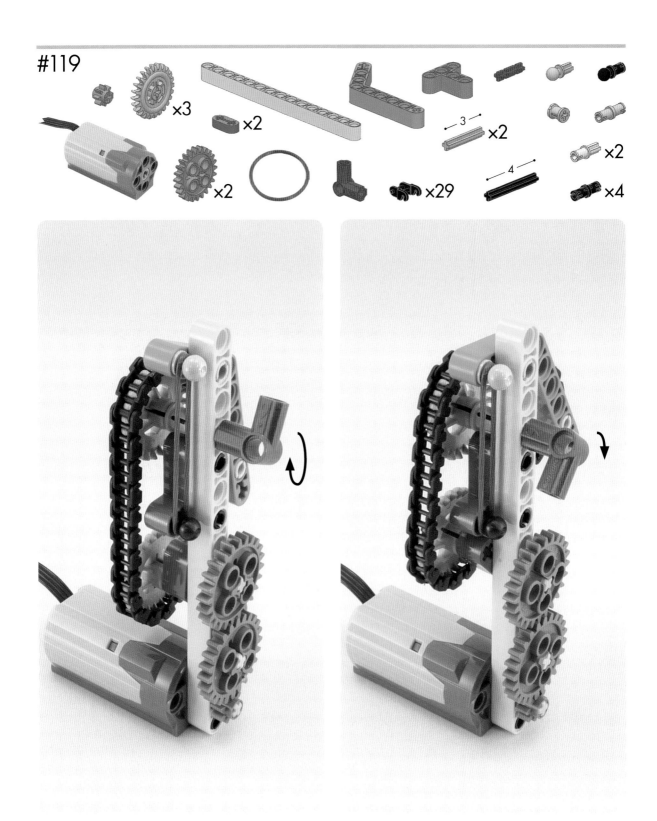

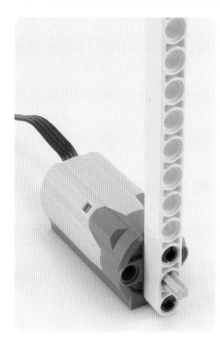

#120

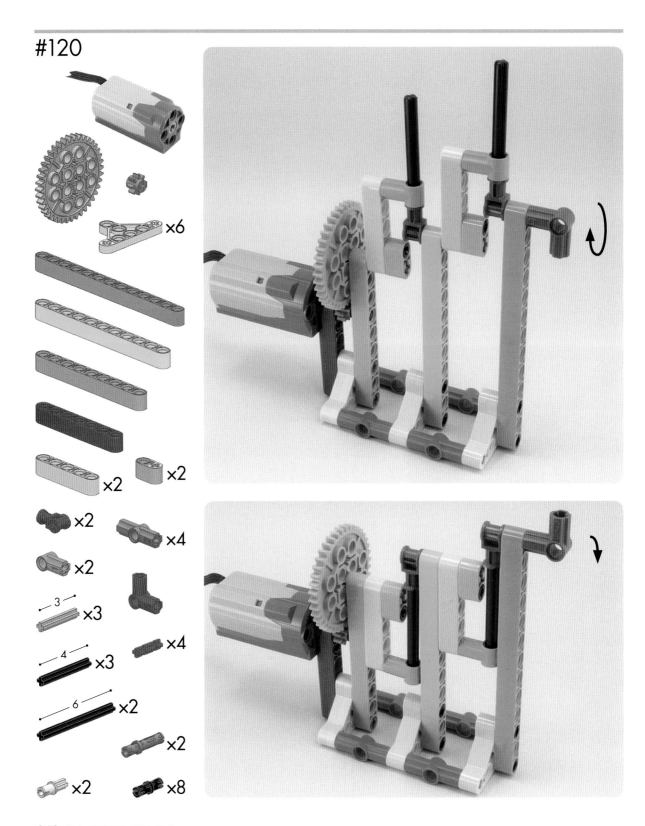

×6

×2 ×2

×2 ×4

×2

3 ×3

4 ×3

6 ×2

×2

×2 ×8

#121

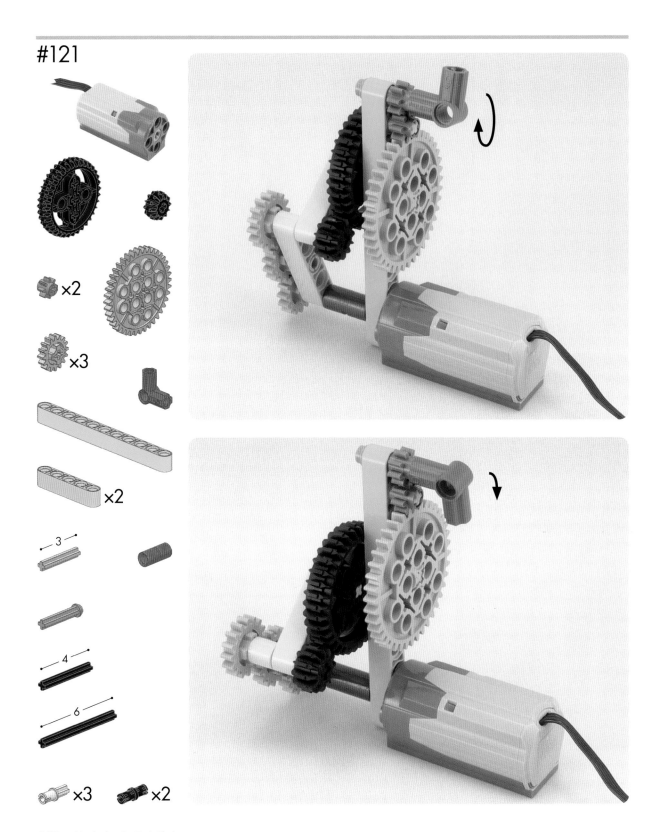

×2

×3

×2

3

4

6

×3   ×2

회전 방향 바꾸기

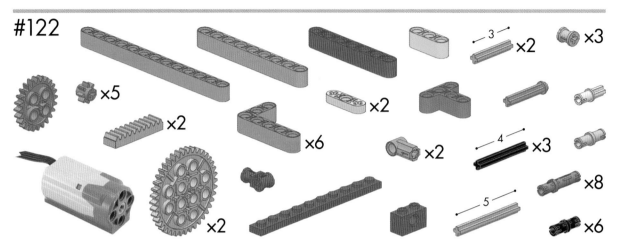

#122

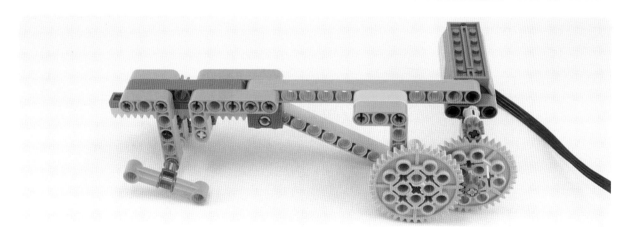

#123

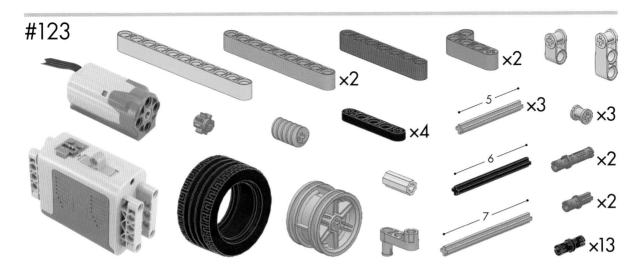

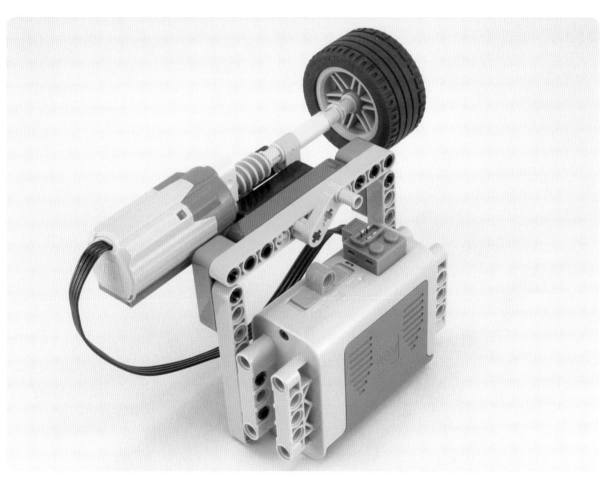

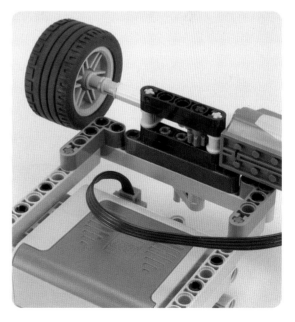

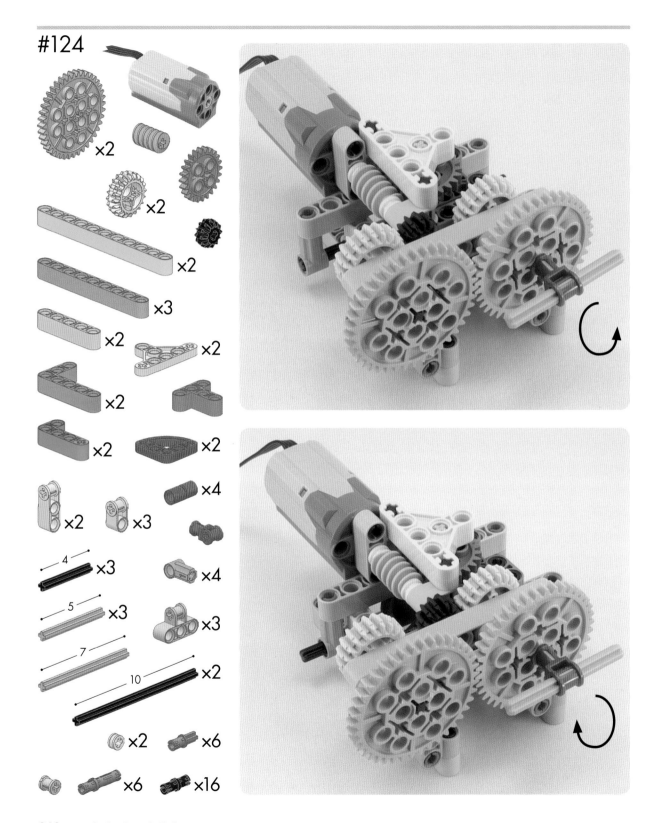

#124

×2

×2

×2

×2

×3

×2

×2

×2

×2

×2

×2

×2

×4

×2 ×3

×4

4 ×3

×4

5 ×3

×3

7

10 ×2

×2 ×6

×6 ×16

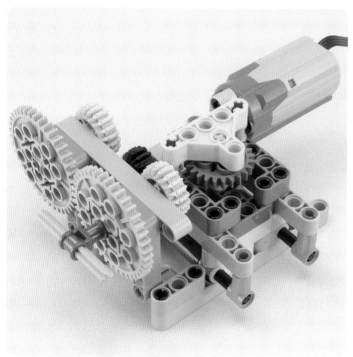

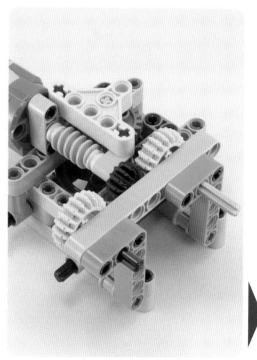

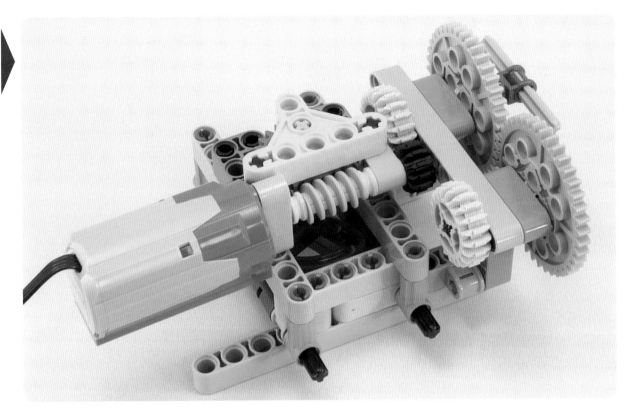

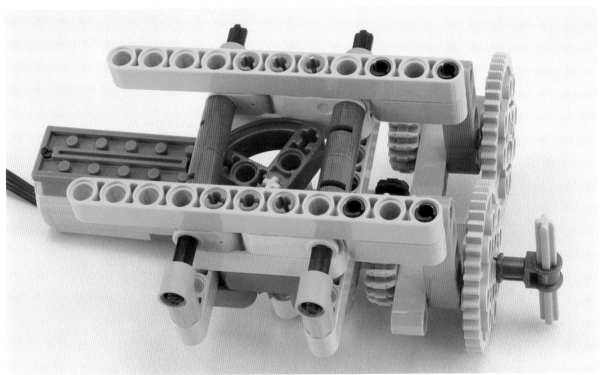

스위치를 이용한 변속 장치

#125

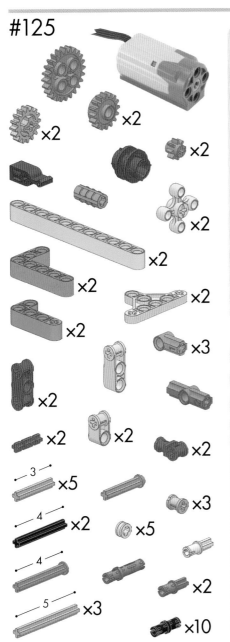

×2
×2
×2
×2
×2
×2
×2
×2
×2
×3
×2
×2
×2
×2

3 ×5
4 ×2
4
5 ×3

×3
×5
×2
×10

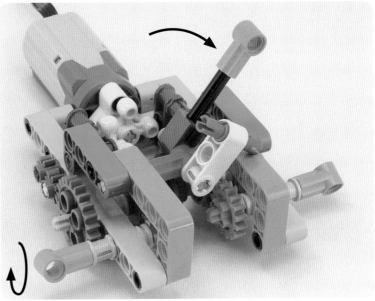

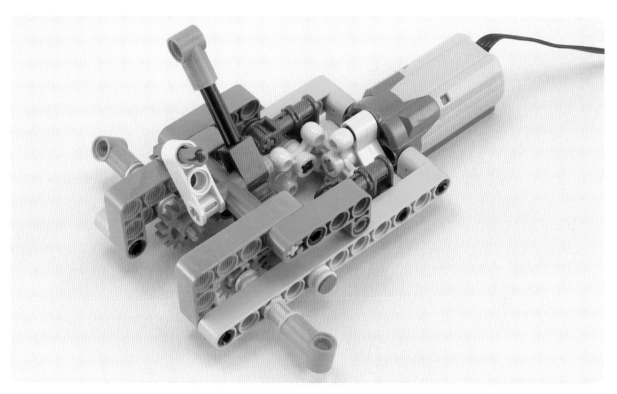

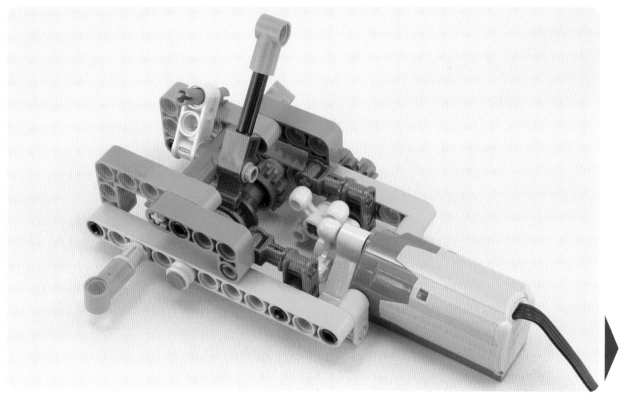

#126

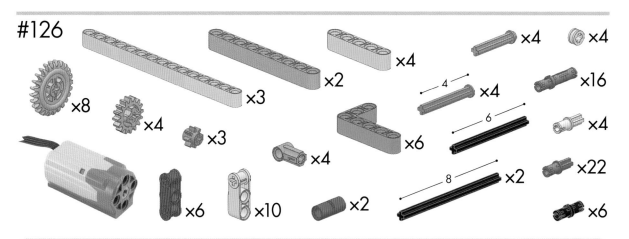

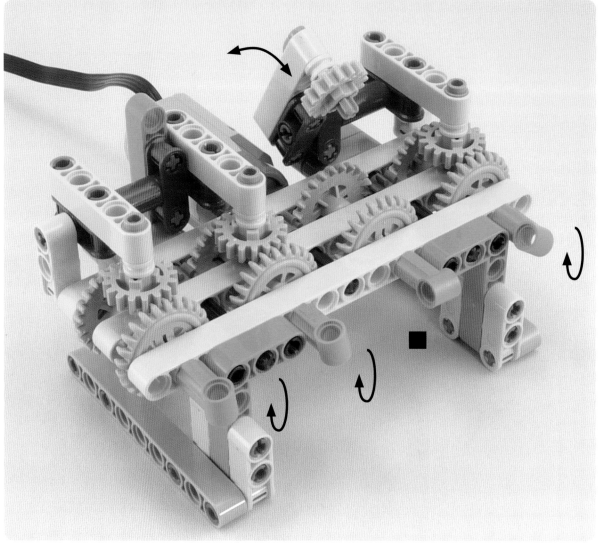

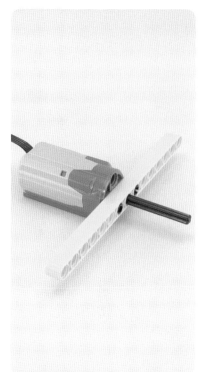

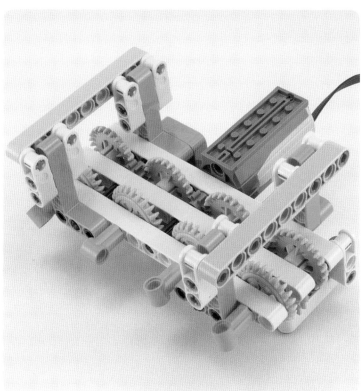

#127

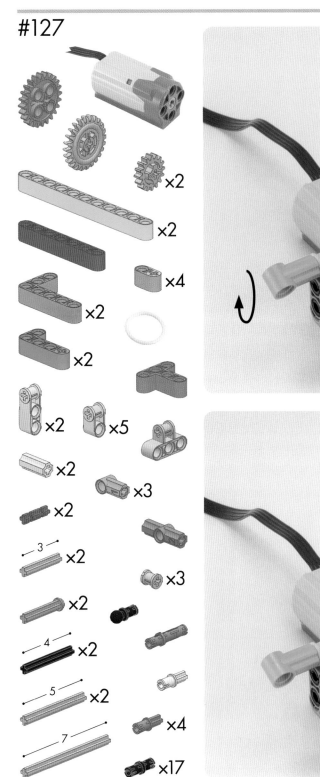

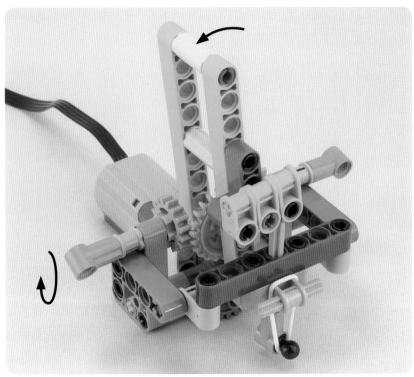

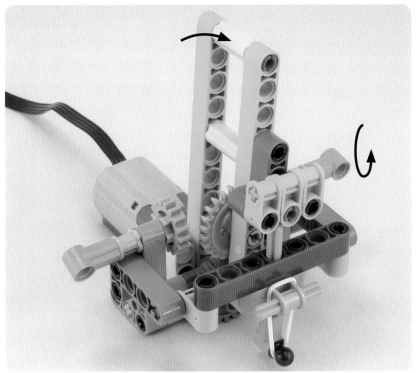

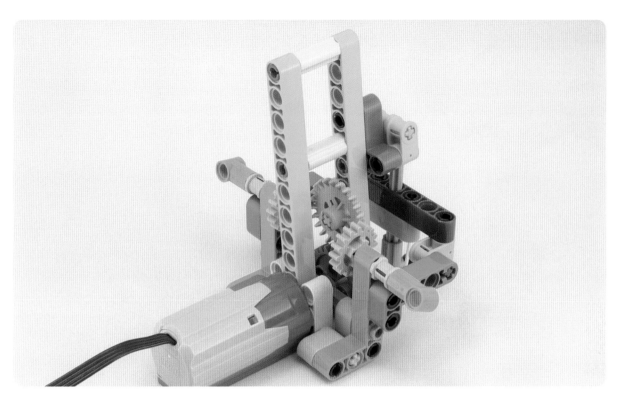

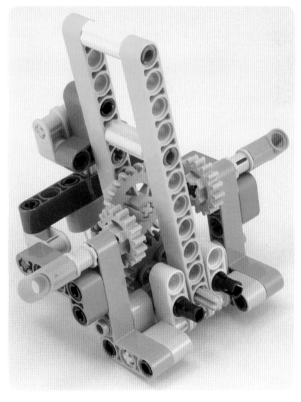

#128

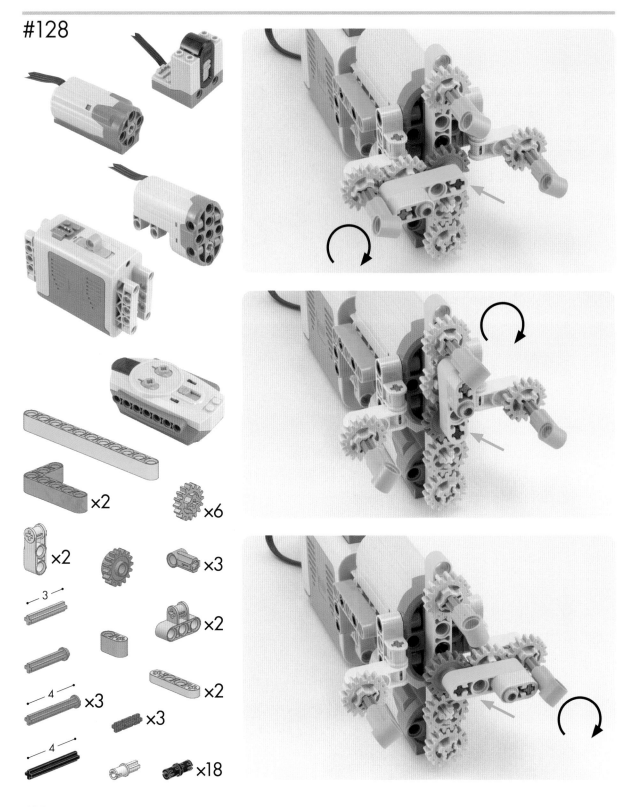

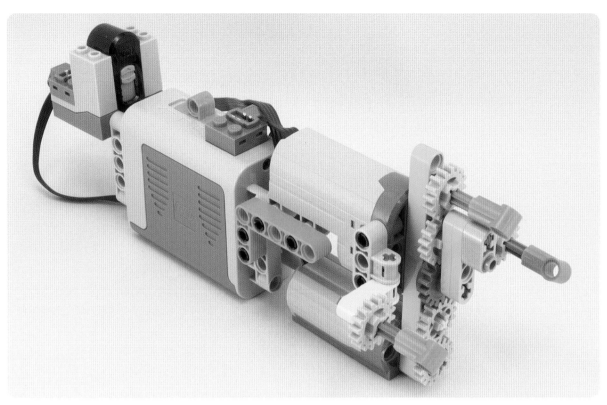

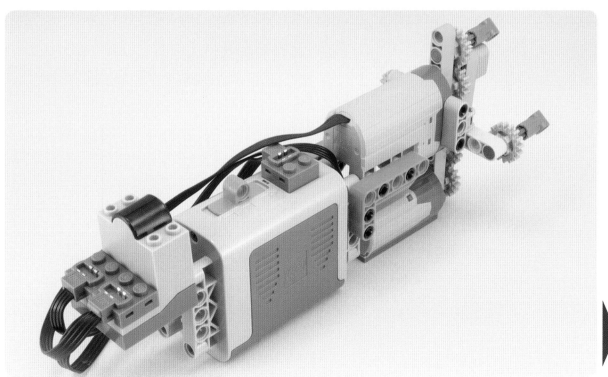

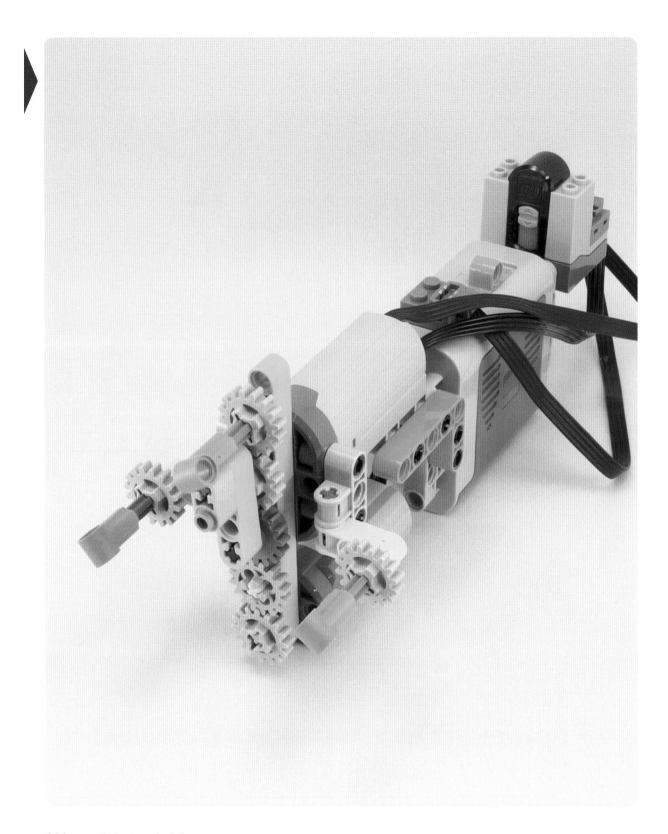

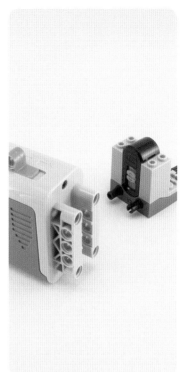

#129

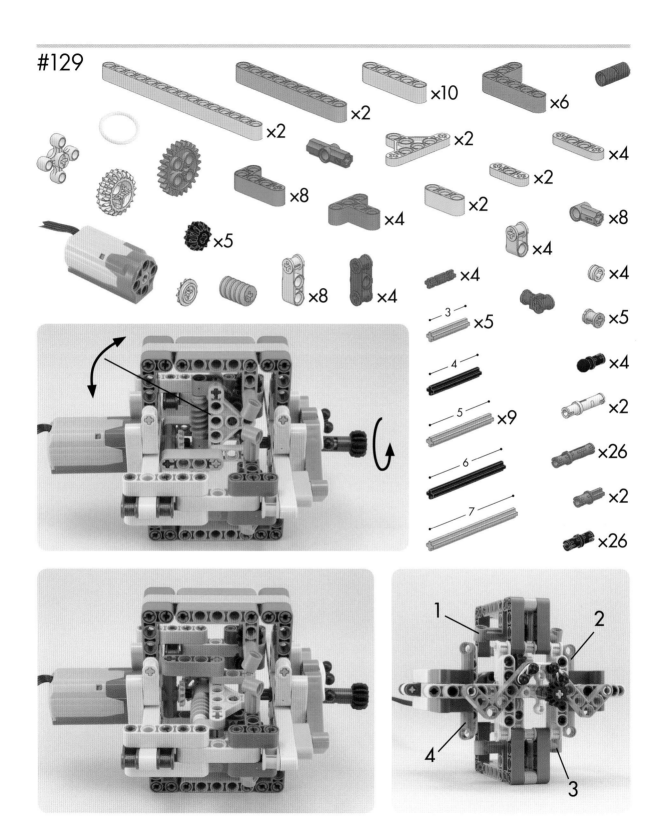

×2
×2
×10
×6

×8
×4
×2
×2
×4
×2

×5
×8
×4

×4
×4

3 ×5
×5

4
×4

5 ×9
×2

6 ×26

7 ×2

×26

1
2
4
3

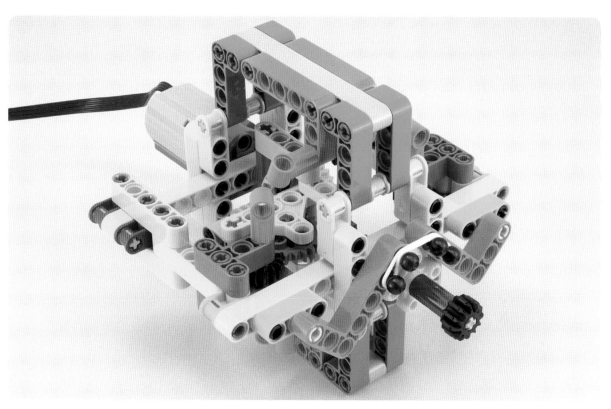

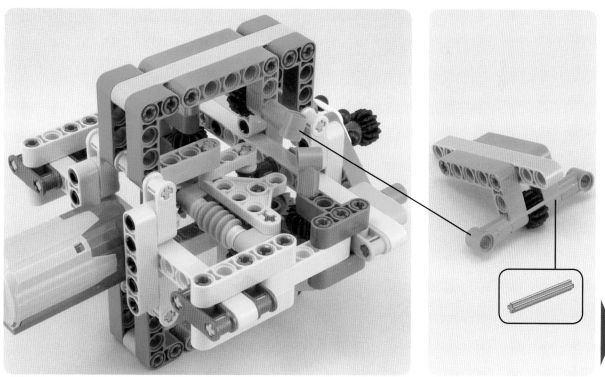

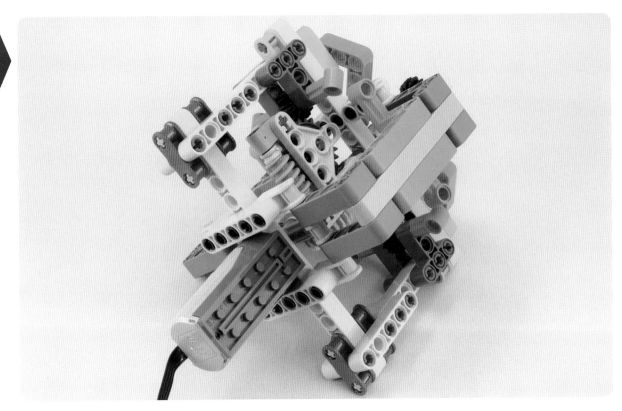

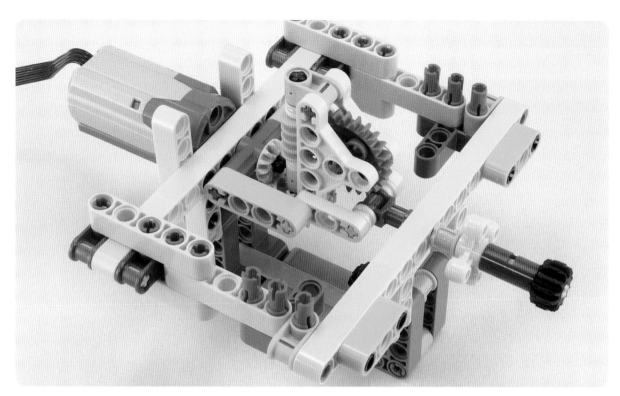

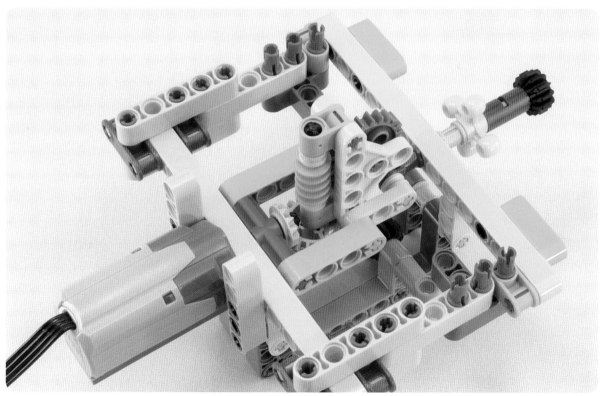

수동 변속기의 구조

#130

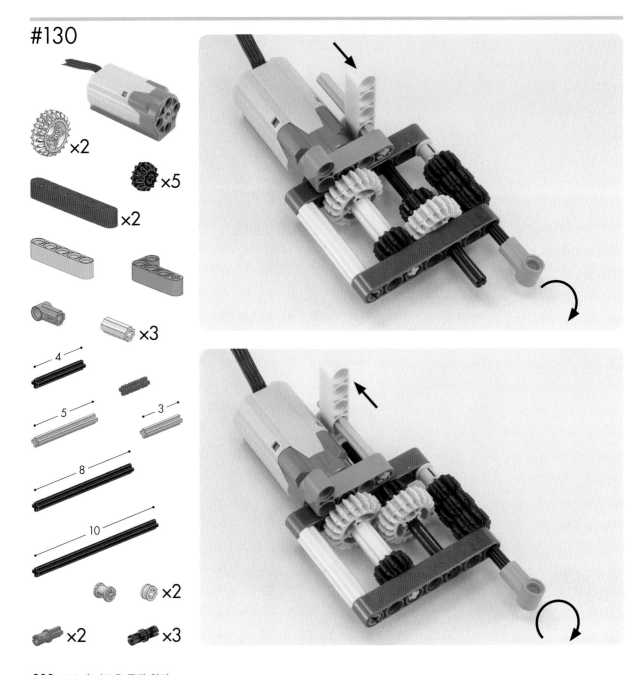

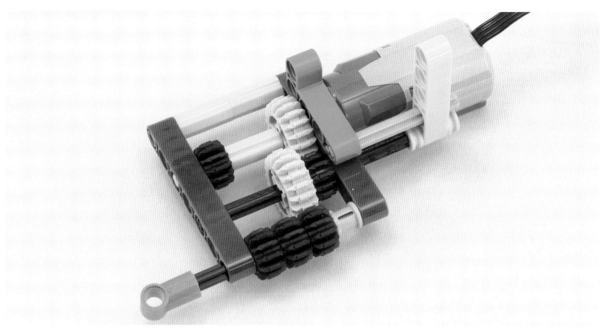

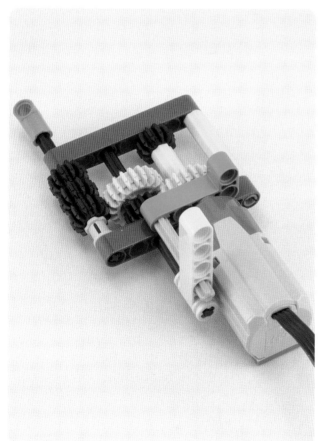

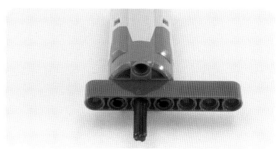

#131

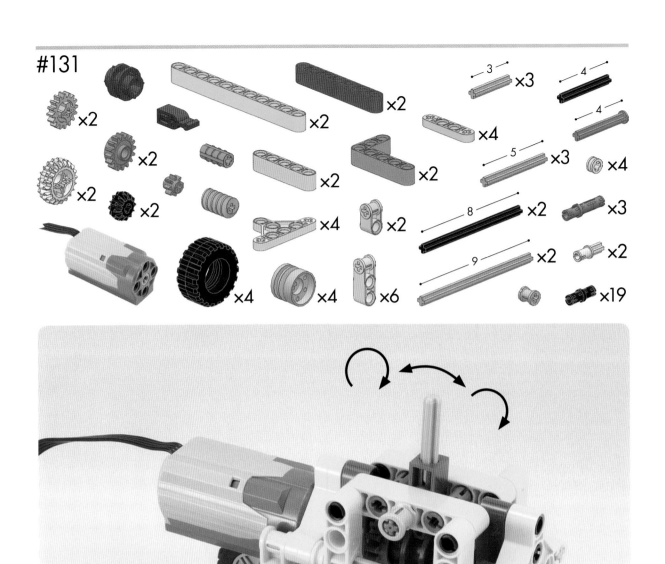

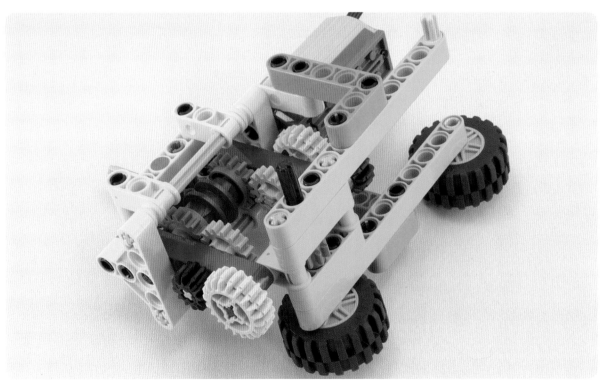

#132

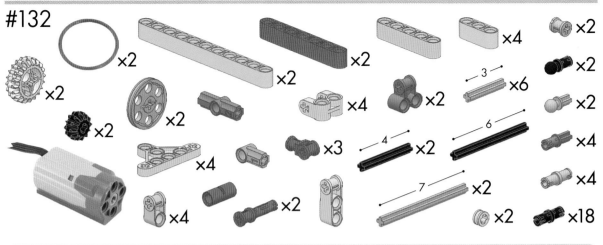

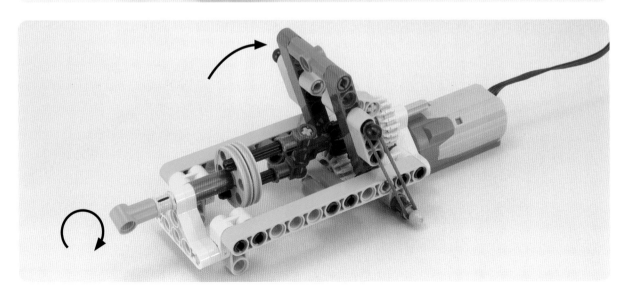

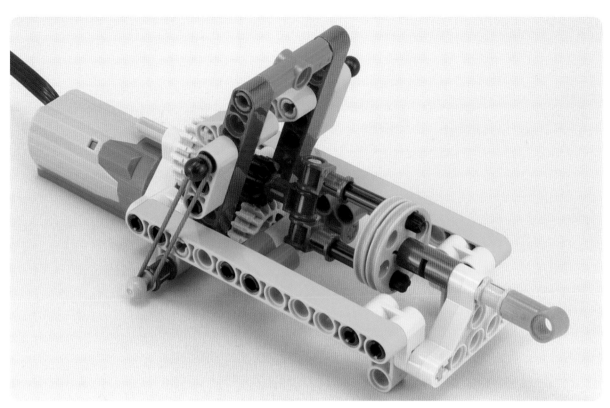

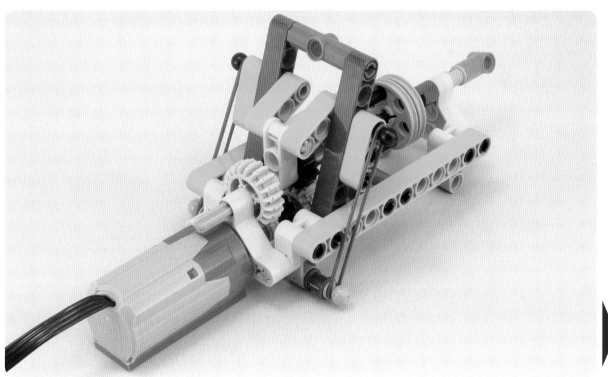

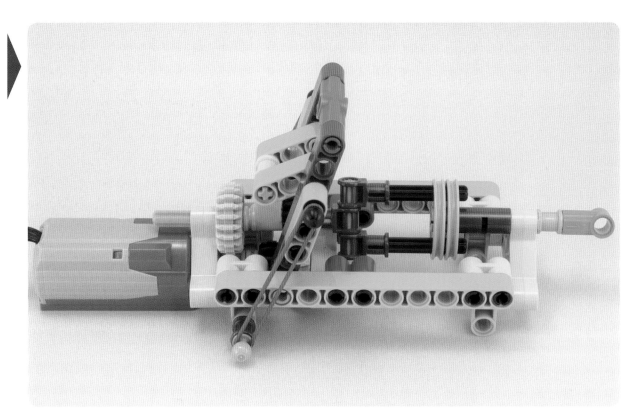

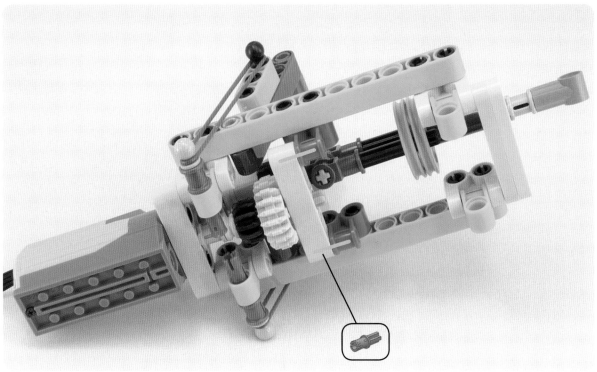

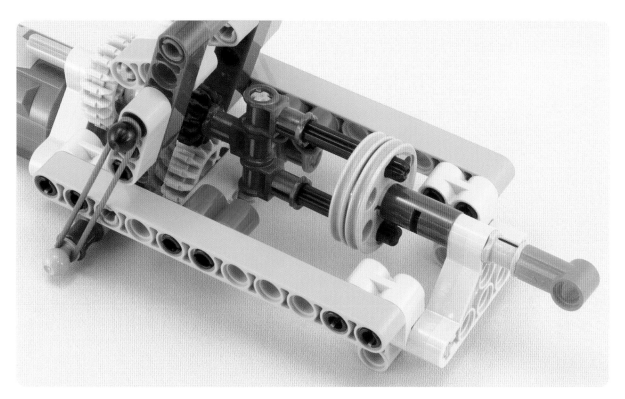

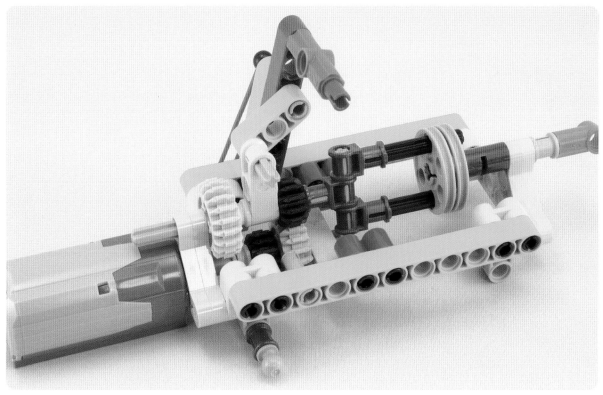

#133

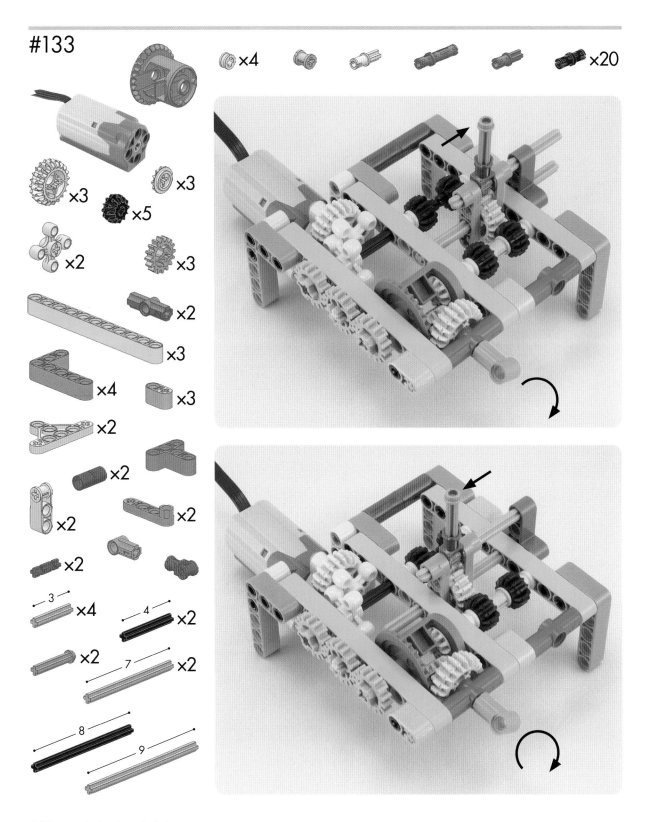

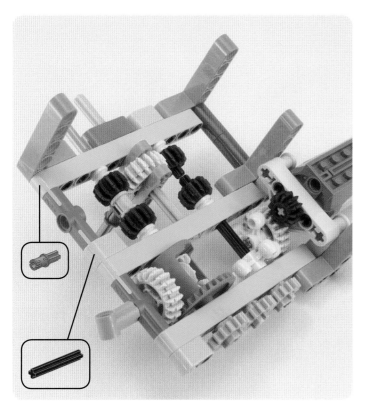

#134

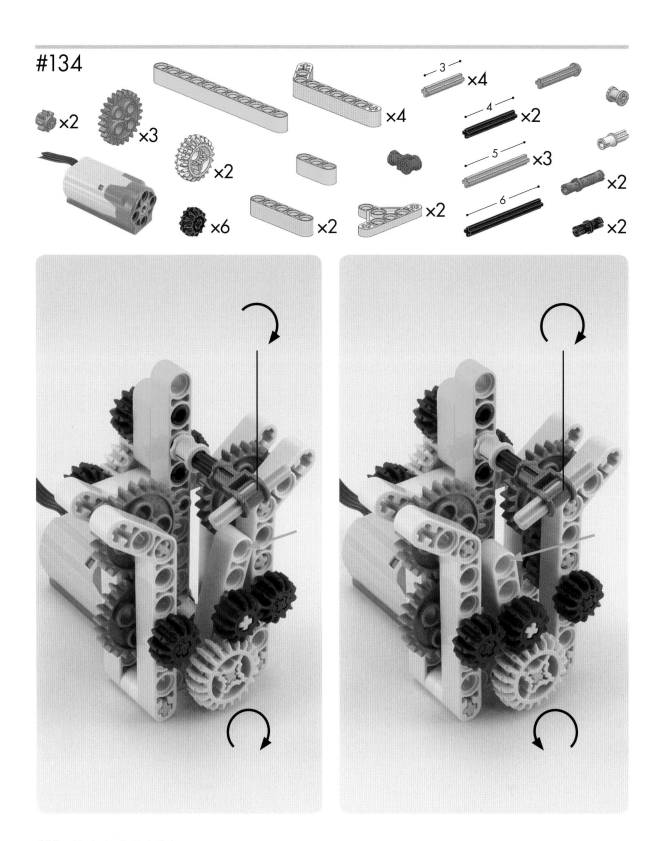

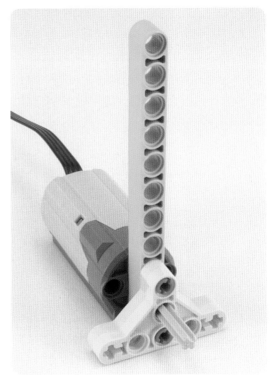

#135

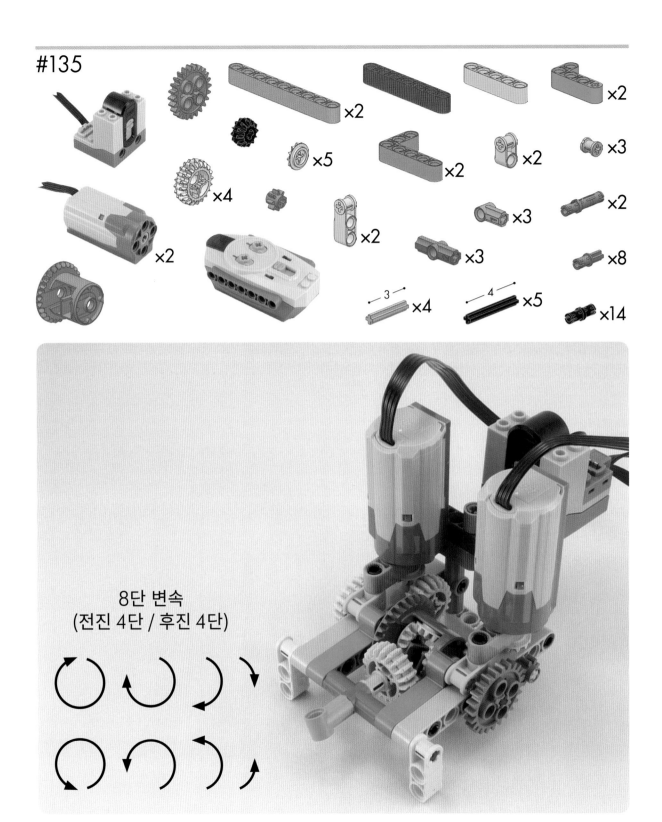

×2
×5
×2
×2
×4
×3
×2
×2
×2
×3
×3
×8
3 ×4
4 ×5
×14

8단 변속
(전진 4단 / 후진 4단)

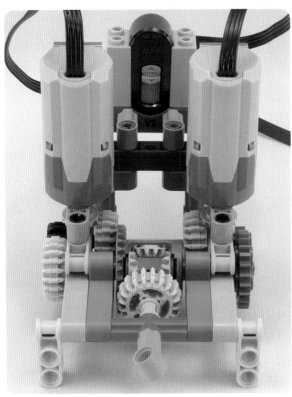

스위치를 이용한 회전 방향의 변환

#136

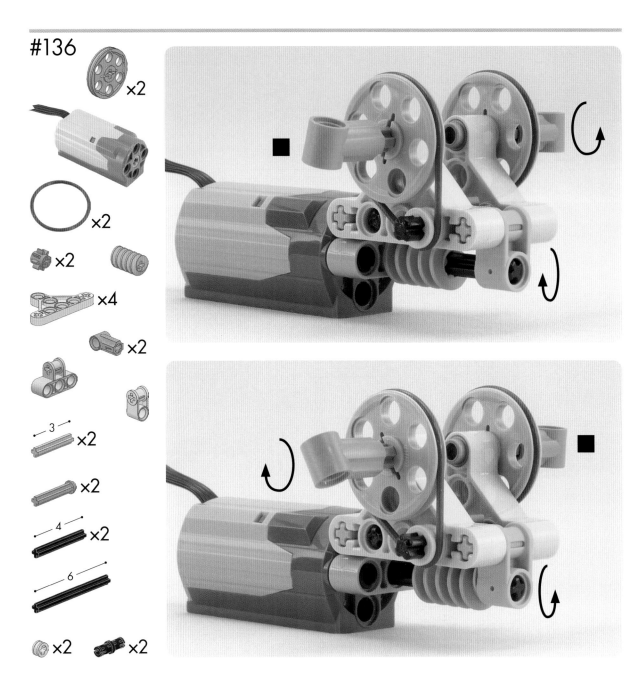

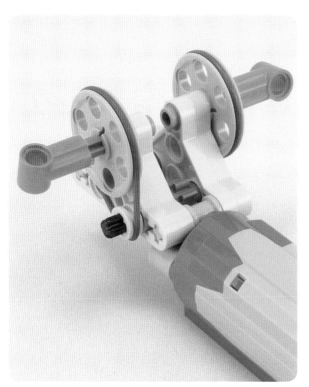

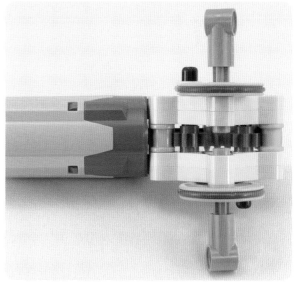

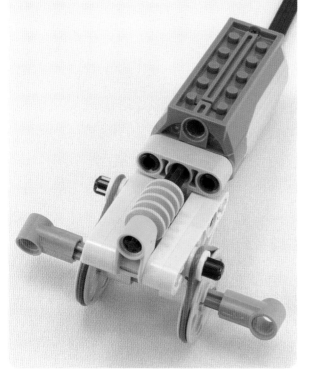

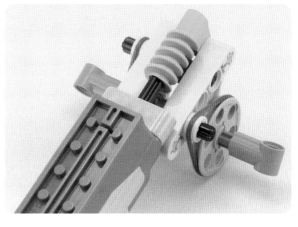

#137

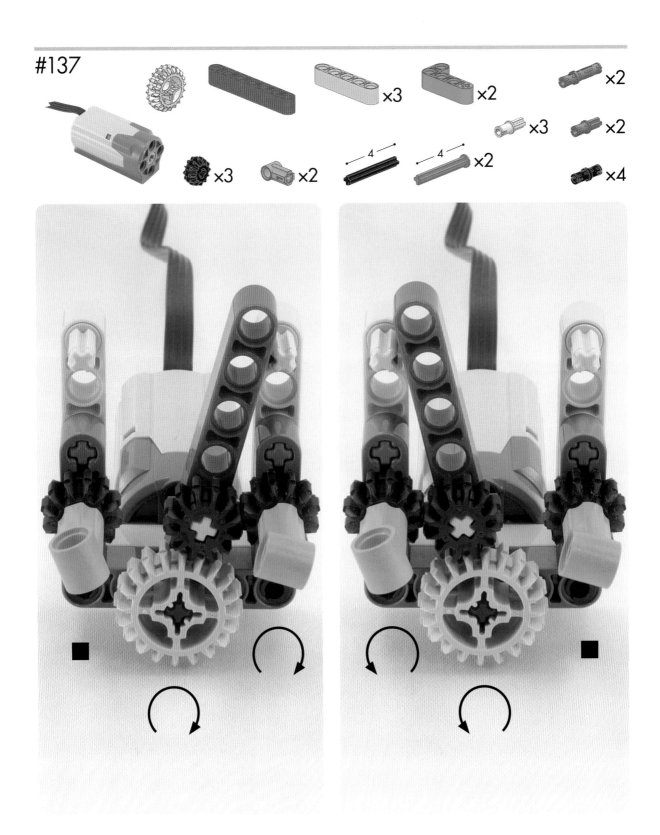

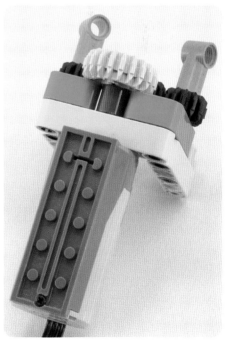

#138

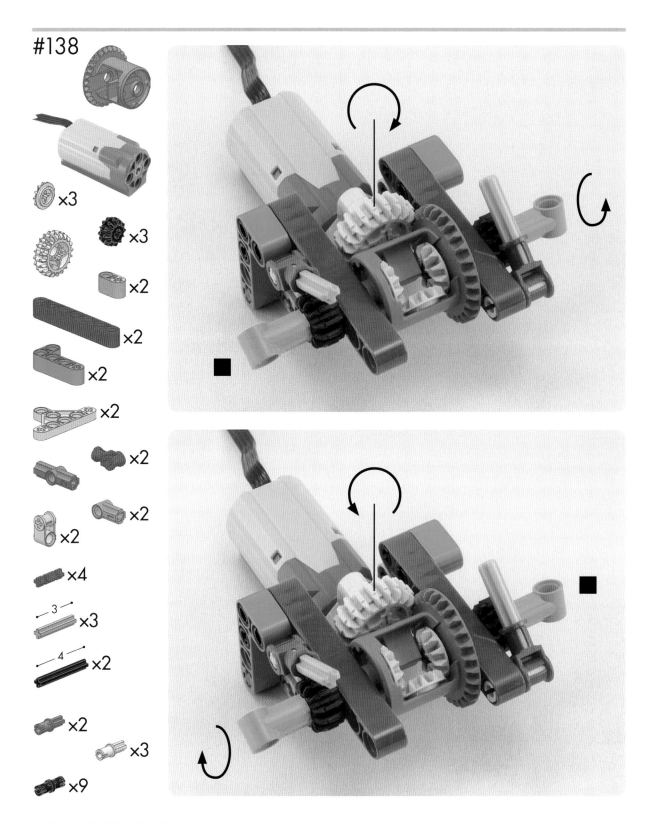

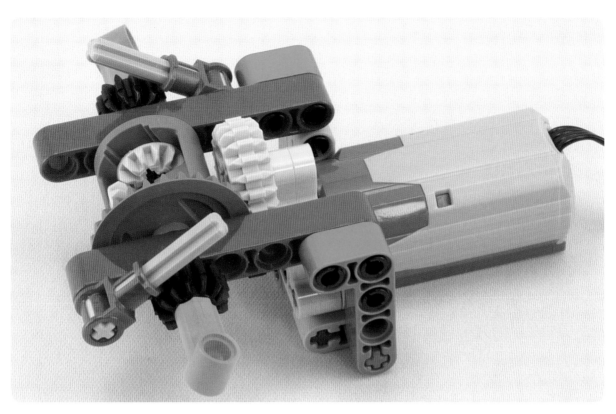

부품 목록

이 숫자는 2권에 등장하는 모델 중 하나를 만드는 데 필요한 부품의 개수입니다. 여러분이 이 책의 다른 모델을 만들기 위해서는 이 부품이 더 필요할 수 있습니다.

이 숫자는 1, 2권에 등장하는 모델 중 하나를 만드는 데 필요한 부품의 최대 개수입니다. 여러분이 두 개 이상의 모델을 만들기 위해서는 이 부품이 더 필요할 수 있습니다.

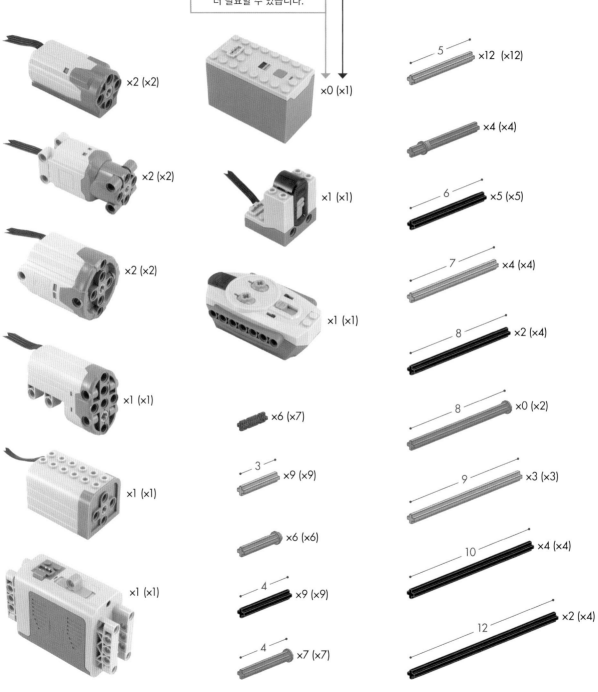

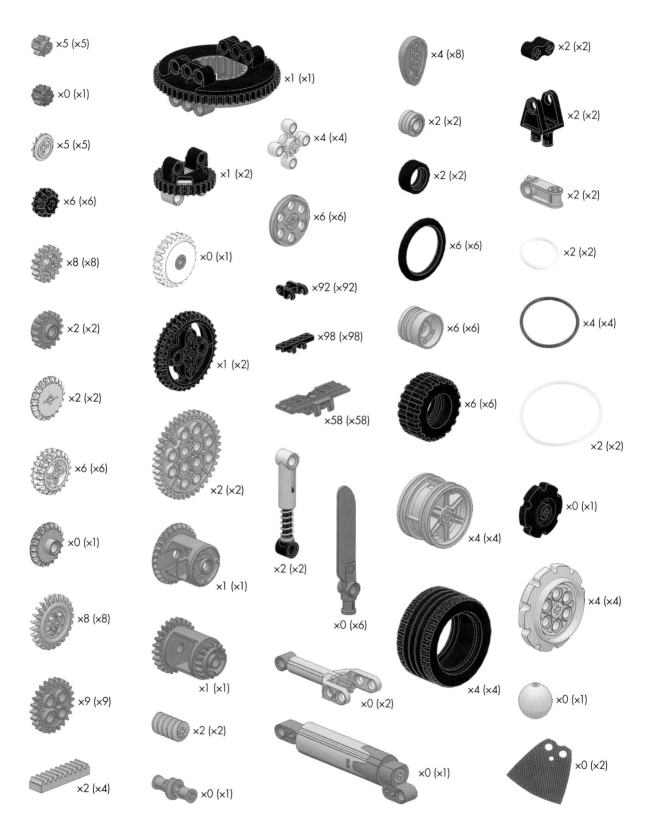

×5 (×5)

×0 (×1)

×5 (×5)

×6 (×6)

×8 (×8)

×2 (×2)

×2 (×2)

×6 (×6)

×0 (×1)

×8 (×8)

×9 (×9)

×2 (×4)

×1 (×1)

×1 (×2)

×0 (×1)

×1 (×2)

×2 (×2)

×1 (×1)

×1 (×1)

×2 (×2)

×0 (×1)

×4 (×4)

×6 (×6)

×92 (×92)

×98 (×98)

×58 (×58)

×2 (×2)

×0 (×6)

×0 (×2)

×0 (×1)

×4 (×8)

×2 (×2)

×2 (×2)

×6 (×6)

×6 (×6)

×6 (×6)

×4 (×4)

×4 (×4)

×2 (×2)

×2 (×2)

×2 (×2)

×2 (×2)

×4 (×4)

×2 (×2)

×4 (×4)

×0 (×1)

×4 (×4)

×0 (×1)

×0 (×2)

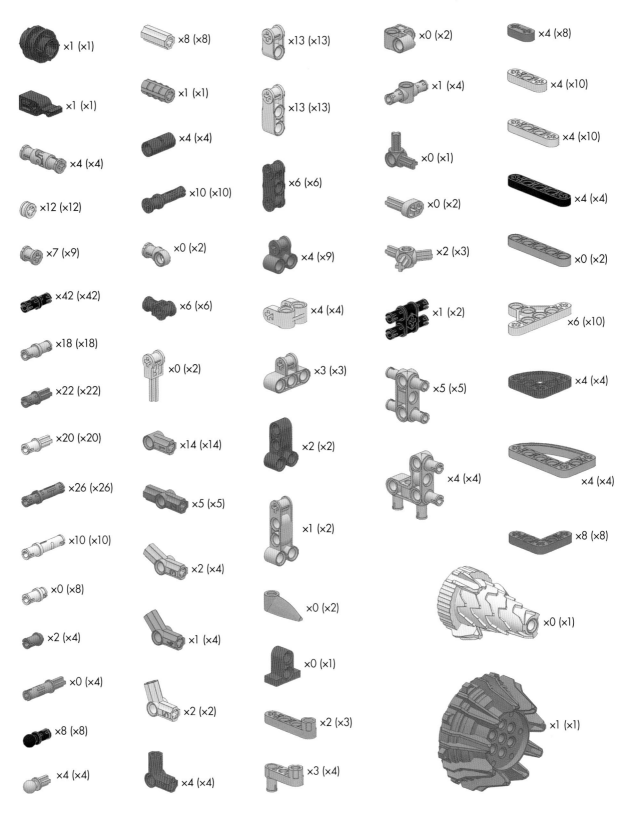

×1 (×1)

×1 (×1)

×4 (×4)

×12 (×12)

×7 (×9)

×42 (×42)

×18 (×18)

×22 (×22)

×20 (×20)

×26 (×26)

×10 (×10)

×0 (×8)

×2 (×4)

×0 (×4)

×8 (×8)

×4 (×4)

×8 (×8)

×1 (×1)

×4 (×4)

×10 (×10)

×0 (×2)

×6 (×6)

×0 (×2)

×14 (×14)

×5 (×5)

×2 (×4)

×1 (×4)

×2 (×2)

×4 (×4)

×13 (×13)

×13 (×13)

×6 (×6)

×4 (×9)

×4 (×4)

×3 (×3)

×2 (×2)

×1 (×2)

×0 (×2)

×0 (×1)

×2 (×3)

×3 (×4)

×0 (×2)

×1 (×4)

×0 (×1)

×0 (×2)

×2 (×3)

×1 (×2)

×5 (×5)

×4 (×4)

×4 (×8)

×4 (×10)

×4 (×10)

×4 (×4)

×0 (×2)

×6 (×10)

×4 (×4)

×4 (×4)

×8 (×8)

×0 (×1)

×1 (×1)

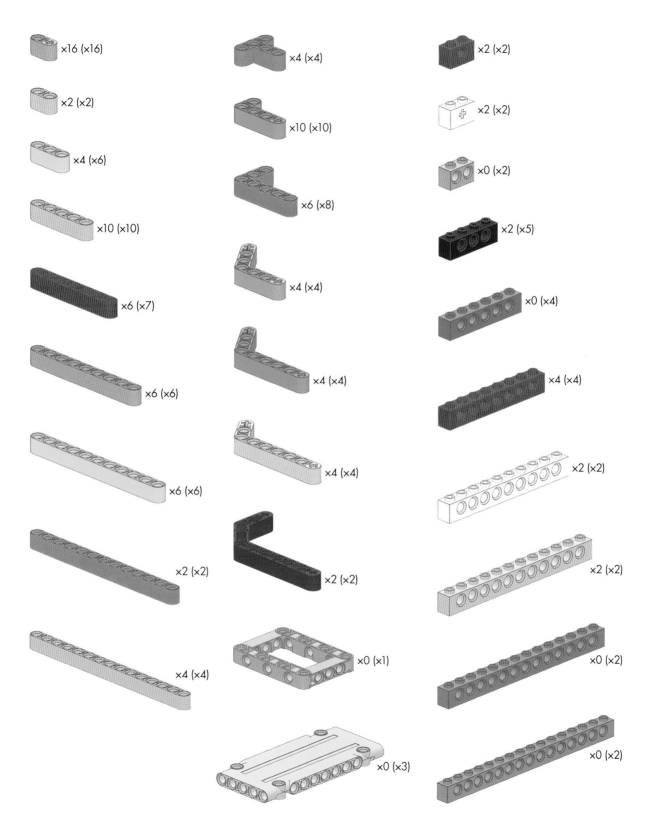

×16 (×16)

×2 (×2)

×4 (×6)

×10 (×10)

×6 (×7)

×6 (×6)

×6 (×6)

×2 (×2)

×4 (×4)

×4 (×4)

×10 (×10)

×6 (×8)

×4 (×4)

×4 (×4)

×4 (×4)

×2 (×2)

×0 (×1)

×0 (×3)

×2 (×2)

×2 (×2)

×0 (×2)

×2 (×5)

×0 (×4)

×4 (×4)

×2 (×2)

×2 (×2)

×0 (×2)

×0 (×2)

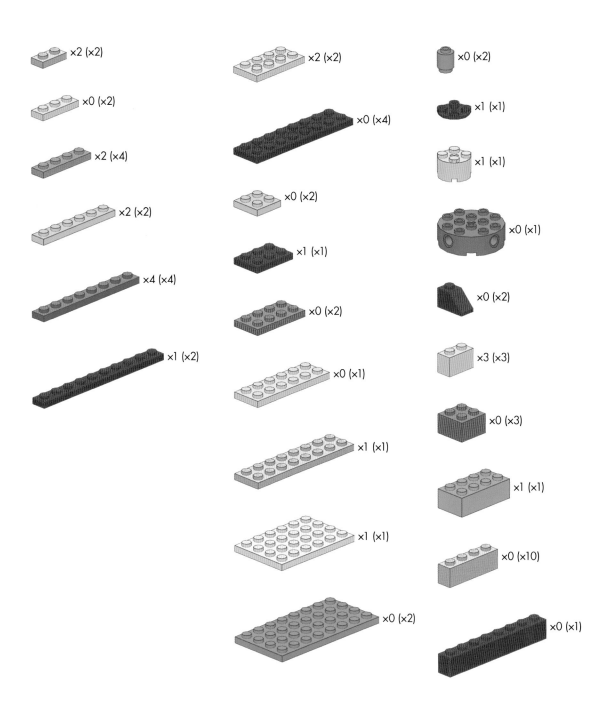

×2 (×2)

×0 (×2)

×2 (×4)

×2 (×2)

×4 (×4)

×1 (×2)

×2 (×2)

×0 (×4)

×0 (×2)

×1 (×1)

×0 (×2)

×0 (×1)

×1 (×1)

×1 (×1)

×0 (×2)

×0 (×2)

×1 (×1)

×1 (×1)

×0 (×1)

×0 (×1)

×3 (×3)

×0 (×3)

×1 (×1)

×0 (×10)

×0 (×1)